爱琴海的光芒

HELLENIC CIVILIZATION

千年古希腊文明

[政治篇]

全景插图版

[美] 乔治·威利斯·博茨福德 著
王雁 译

中国画报出版社·北京

图书在版编目（CIP）数据

爱琴海的光芒：千年古希腊文明：全三册 /（美）乔治·威利斯·博茨福德著；王雁译. -- 北京：中国画报出版社，2024.8
ISBN 978-7-5146-2282-9

Ⅰ.①爱… Ⅱ.①乔… ②王… Ⅲ.①文化史—古希腊 Ⅳ.①K125

中国国家版本馆CIP数据核字(2023)第188106号

爱琴海的光芒：千年古希腊文明
[美] 乔治·威利斯·博茨福德 著　王 雁 译

出 版 人：方允仲
责任编辑：程新蕾
责任印制：焦 洋

出版发行：中国画报出版社
地　　址：中国北京市海淀区车公庄西路33号　邮编：100048
发 行 部：010-88417418　010-68414683（传真）
总编室兼传真：010-88417359　版权部：010-88417359

开　　本：32开（880mm×1230mm）
印　　张：21.5
字　　数：440千字
版　　次：2024年8月第1版　2024年8月第1次印刷
印　　刷：三河市金兆印刷装订有限公司
书　　号：ISBN 978-7-5146-2282-9
定　　价：178.00元（全三册）

目 录

第1章 政府及政治状况（公元前750年到公元前479年）

 001

第2章 总体政治状况（公元前479年到公元前404年）

 057

第3章 提洛同盟及雅典帝国（公元前478年到公元前404年）

 101

第4章 希腊城邦之间的关系（公元前404年到公元前337年）

 117

目 录

第5章 国 家（公元前404年到公元前337年）

147

第6章 希腊本土政治及联邦（公元前323年到公元前146年）

185

第1章

政府及政治状况

(公元前750年到公元前479年)

Government and Political Conditions

(750—479B.C.)

●斯巴达的纪律

斯巴达的制度体系令人感兴趣的地方不在其制度,而在其对公民从生到死严格的纪律约束。下面选文描述的就是斯巴达严苛的纪律,因版面有限只能节选几段。色诺芬描述的场景是理想化的场景。普鲁塔克的《利库尔戈斯传》进行了补充。亚里士多德的《政治学》则进行了批判。

当我初次意识到斯巴达在希腊各城邦中的独特地位时,我的内心充满惊讶。拉栖第梦的人口相对稀疏,但拥有强大的实力和极好的声望。我不知道该如何解释这一现象。只有考虑斯巴达特殊的制度时,我才找到了答案。或者答案就在斯巴达的立法者身上,而拉栖第梦人对法律的服从造就了国家的繁荣。斯巴达的立法者利库尔戈斯是一个值得钦佩的人。在我看来,利库尔戈斯是世上最具智慧的人之一。利库尔戈斯并没有模仿其他城邦,而是通过自己的创造,以一种异于往常的形式让自己的祖国斯巴达走上了繁荣之路。

有个例子很适合放在开头讲,那就是生育和抚养孩子。在世界的其他地方,那些终有一天将成为母亲的女孩子——我是指那些成长环境好的女孩——吃的都是最简单的饭菜,几乎没有肉和调味料。至于红酒,女孩们不是滴酒不沾,就是用水过分地稀释酒。因为大部分手工艺人都是静坐着的,所以希腊人也希望女孩能够模仿手工艺人,安静地坐着纺织。这就是我们希腊人对女孩的全部要求。但对以这种方式长大的女孩,我们还能期待她们抚养出多么优秀的后代呢?

利库尔戈斯采用了一种不同的方法。他认为,衣服这类物品的制作完全可以交给女性奴隶。利库尔戈斯相信一个自由的女性最大的功能就是生育孩子。因此,利库尔戈斯坚持让女性和男性一样锻炼身体,为此还特意为女性设立了和男性一样的跑步和力量竞赛。利库尔戈斯坚信只有父母双方都强健,孕育的后代才会更有活力。

利库尔戈斯设计的针对孩子出生的制度与世界其他地方的制度大相径庭。多亏了这些制度,斯巴达的男人无论在体型上,还是在力量上,都胜过其他地方的男人。

说完与孩子出生有关的制度之后,我想说一下斯巴达和其他地方的教育体系。在希腊其他地方，最好的教育儿子的方法如下：男孩到了能听懂话的年纪之后，会被马上送到监护人那里看管，并且被送去学校学习识字、音乐和竞技。除此之外，他们还会穿鞋使自己的脚变柔软，也会通过经常更换衣服使身体变柔软。至于食物，则是根据食欲确定的。

利库尔戈斯没有让公民个人选择一个奴隶成为孩子的监护人，而是给年轻的拉栖第梦人选择了一个公共监护人。利库尔戈斯给了这个公共监护人一个正式的头衔——"男孩管理人"。"男孩管理人"对男孩们有着很高的权威。这个公共监护人是从地方最高行政长官中选拔出来的。他们领导着孩子们。同时，作为孩子们的监督者，在孩子们犯错时，公共监护人会严厉惩罚他们。利库尔戈斯还给公共监护人配备了一群年轻人。年轻人手拿鞭子，在必要的时候惩罚男孩们。有了这些，在斯巴达，崇敬和顺从总是相伴存在。

利库尔戈斯也没有让男孩们穿鞋保护脚，而是让他们赤足以变得更强壮。利库尔戈斯相信用这种方法锻炼男孩们，可以让他们更容易攀爬峭壁，下陡坡的危险也会减少。事实上，在跑跳方面，接受过这种锻炼的赤脚的斯巴达少年比正常穿鞋的孩子更出色。

穿衣方面，利库尔戈斯让男孩们习惯全年只穿一件衣服。这样一来，他们就能够适应各种冷暖变化。

饮食方面，利库尔戈斯则规定男孩的教官必须确保他们在餐桌上共同进餐，每餐的饭量要适中，以避免饱食引起肥胖或食物短缺。利库尔戈斯相信这种训练会让男孩们更容易度过那些没有食物的艰苦日子。在下达紧张的战斗命令的时候，他们也能保持强健的体魄。男孩们对大餐的渴望将会减少，挑食的现象也不会发生，身体会更健康。利库尔戈斯认为，通过这种方式他们都会成长为身强体壮的男子汉，而让四肢强壮的饮食方式一定会比胡吃海喝对身体有益。

利库尔戈斯虽然不会让男孩们不费力气就得到更多，但为了不让他们过度饥饿，允许他们偷盗食物缓解饥饿。当然，通过其他方式为男孩们补充营养是毫无困难的。但这个方法让男孩们学会了自己养活自己。我不认为有人会对这一习俗产生误解。显然，这么做也有一定道理。想要偷窃的人夜晚必须放弃睡眠，白天则要不停地移动并躲在暗处，还必须有属于自己的放哨者。只有满足了上述的条件，才能成功偷到猎物。

显然，这种教育的目的是让男孩们在获取需要的物品时更狡猾、更具有创造性，同时激发他们好战的本能。反对者可能会如此反驳："利库尔戈斯如果觉得偷盗是一件好事，那么为什么要重罚那些不幸被抓到的人？"我的答案是：这就如同人们会惩罚那些学习了某件事情但做不好的人一样。拉栖第梦人之所以惩罚那些偷窃被抓到的人，是因为他们不是出色的盗贼。因此，在俄耳堤亚神殿能偷越多奶酪，就越是一件值得鼓励的事。但与此同时，其他人被要求鞭打盗贼。这样做是为了让人们明白只有忍受短暂的疼痛才能够获得永恒的荣光。在这个速度至上的地方，偷懒的人只会导致自己陷入更多麻烦和物资匮乏。

除此之外，孩子们的教官不在的时候，会将权力交给在场的某位市民，让市民对男孩们下达命令，并在男孩们犯错的时候进行惩罚。这种做法使斯巴达的男孩们更加有礼貌。的确，在斯巴达，无论是男孩还是男人，他们最尊敬的人永远是他们的统治者。出于同样的原因，利库尔戈斯规定，男孩永远都会有一个统治着他的人。就算在某些情况下，没有成年人在场，地方长官中经验最丰富的那一位也要充当临时的统治者。总而言之，无论什么情况下，斯巴达的男孩们都不会缺少一位统治他们的人。

到了男孩们长大成人的关键时刻，我们发现世界其他地方的人们会将男孩们从教官和教师的手上解放出来，也没有继续配备管理者，而是让他们完全独立。

利库尔戈斯再次做出了与之相反的选择。这个时期的男孩开始变得狂妄自大、傲慢无礼，并且对各种娱乐产生欲望。在这个时期，利库尔戈斯给男孩们施加了许多困难，并让他们有事可做。

利库尔戈斯颁布法令规定，从今以后，逃避责任的人将无法获得国家授予的任何荣誉。于是，男孩们经历了各种辛苦。这样一来，他们就不会因怯懦而丧失荣誉。

除此之外，为了给这些年轻的灵魂植入谦逊的种子，利库尔戈斯为年纪稍大的男孩制订了一个特殊的规定。在街上走路的时候，年纪稍大的男孩必须把手藏在大衣的褶皱里，走路时必须保持安静，眼睛必须盯着眼前的地面，不能东张西望。有证据显示，男性的自控能力比女性强。任何时候，即便是石像开口说话，斯巴达年轻男子都不会说话，青铜像的眼珠也比斯巴达年轻男子的眼珠更容易转动。斯巴达年轻男子的安静甚于闺房中的新娘。在公共场合，斯巴达年轻男子被问到问题只会用最简单的话语来回答。这就是你能从他们嘴中听到的为数不多的话语。

利库尔戈斯对小伙子的教育已经十分谨慎。他面对完全成年的男子时则显示出更多的焦虑。成年男子如果都能成为应该成为的样子，就会为整个城邦创造极大的价值。利库尔戈斯放眼望去，在最富有竞争精神的地方，那里的合唱和竞技也是最引人注目的。同样的道理，利库尔戈斯只需要让这些年轻人一较高下，就会产生相似的结果。利库尔戈斯还要求这些年轻人将男子品德发挥到极致。

接下来，我将解释利库尔戈斯训练年轻人的方法。监察官会在所有青年公民中选出三名男子。这三名男子被称作"骏马指挥官"。每位骏马指挥官再选出一百个人，并且必须阐明选择的理由。那些落选的人不仅要与未选择他们的人为敌，还要与那些被选上的人为敌。落选之人会仔细观察被选上之人的一举一动，看被选上之人是否有违反名誉法则的行为发生。冲突就这样开始了。在一场冲突中，勇士的品行会完全展现出来，每个人都会自我锻炼以获得最高的本领。如果有需要，他们还会用尽全部力气支援整个国家。

除此之外，年轻人还会养成良好的习惯以保持身体健壮，从而在冲突发生时挺身而出。冲突发生时，在场的人有权将冲突双方分开。如果有人不遵从调节，教官会禀报监察官，监察官将严厉惩罚这个人。这样做是为了让年轻人明白愤怒不能凌驾于对法律的遵从之上。

对那些已经步入中年、开始担任地方最高行政长官的男人，利库尔戈斯的管理办法也与其他地方不同。在希腊其他地方，这个岁数的人已经不再继续关注身体是否强壮，但依然需要服兵役。利库尔戈斯规定这些男人应该将打猎视为最高荣誉。这才与这个年纪的生活适应。当然，这并不代表这些男人不需要履行任何的公共义务。利库尔戈斯是为了让中年男人和壮年男子一样能够忍受作战的艰辛。

——色诺芬《斯巴达政制》

●梭伦之前的雅典宪制

直到1890年年底，在埃及，亚里士多德写在莎草纸上关于雅典政制的专著才被发现。1891年1月，弗雷德里克·G.凯尼恩编辑整理后的第一版正式发表。在莎草纸上,没有作者的姓名,但根据古代作者的引用,作者基本可以确定。有明显的证据表明作品是在公元前328年到公元前325年创作的,应该是在《政治学》和安德罗提翁的《阿提丝史》问世不久之后。这两本书是亚里士多德的主要参考材料。这一发现帮助我们更好地理解了此类专著的本质并解决了许多的问题。

《雅典政制》的前半部分现已遗失,但亚里士多德一定是根据统治时期归纳、分类了材料,在每一时期描述当时出台的制度及发生的事件,因为这是古代记录者的习惯。君主政治的第一个阶段一直延续到忒修斯即位。随后就开始了宪制治理的初期阶段,与王权有了一定的分离。这一阶段政府是贵族化的。在德拉古之前的某个时期,新的政体——武装力量控制的财权政治,也就是只有能装备全套盔甲的有钱人才有投票的权利——出现了。这种政体一直持续到公元前594年梭伦执政。

《雅典政制》现存的片段开头讲述的是对阿尔克迈翁的审讯。公元前632年,阿尔克迈翁杀戮库伦的追随者的时候曾经犯下亵渎神灵的罪过。当时,库伦的追随者受到雅典娜的保护。在叙述这个事件的时候,普鲁塔克写道,梭伦劝说阿尔克迈翁:"在一个从贵族中选出的三百人组成的法庭上接受审讯,米隆当起诉者,人们都会被定罪,活着的人都会被流放。"有了这一对比,我们很容易便能重塑《雅典政制》开头的主旨。

根据米隆的起诉,阿尔克迈翁家族由一批陪审官来审讯。陪审官从贵族中选拔出来,并且隆重宣誓就任。

渎神罪被判成立,罪人的尸体从坟墓中被刨出[1],他们的家族成员被永远驱逐出境。不久,克里特的厄庇墨尼得斯便来为城市净秽。[2]

之后就发生了贵族和民众之间的纷争,并且持续了很长的时间。雅典统治形式是寡头政治,贫民和他们的妻子儿女事实上都成了富人的奴隶。他们被称为依附者和六一汉[3],因为他们为富人耕田,按比率纳租。而全国的土地都集中在少数人手里,如果租户交不起地租,那他们自己和他们的子女便会沦为奴隶。所有借款都以债务人的人身为担保。这种情况一直持续到梭伦时期。事实上,梭伦才算得上第一个人民领袖。在民众眼中,宪制中最残酷和苛虐的部分就是他们的奴隶地位。当然,他们对其他事情也一样感到不满,因为在他们看来,他们没有机会参与任何事情。

德拉古之前的古代宪制如下。一个人是否能够当官取决于其门第和财富,并且这些官位最初是终身制的,后来改为十年一任制。最高官职是国王、军事执政官和名年执政官。三者之中最早出现的是国王,因为国王是从一开始就存在的。第二个设置的官职是军事执政官,

---

[1] 从渎神罪行的发生到审判已经过去了多年,当时几乎所有犯罪者都已经去世了。——原注
[2] 厄庇墨尼得斯到来的时间是不确定的,所有与厄庇墨尼得斯有联系的事情也都是不确定的。——原注
[3] 佃农的一种,土地收成的六分之五作为地租上交,剩余的六分之一用以维持生活。——译者注

因为有些国王不能胜任指挥战争的职务。这就是为什么在一起特殊事件中,国王要召艾昂前来帮忙。① 最后设置的职位是名年执政官②。大多数人认为名年执政官这一职位是在墨冬时期设立的,也有人认为是阿卡斯托斯执政时期。其证据就是,九大执政官宣誓时都说他们会像阿卡斯托斯执政时的名年执政官那样履行他们的誓言,可见阿卡斯托斯执政时,科德律斯家族让出了某些贵族特权,特权被转移到了名年执政官那里。无论哪种说法正确,设立职位的年代并没有太大的差异。但名年执政官不像国王和军事执政官那样担任传统的职务,而是只担任后来新设立的职务。这一事实也可以说明名年执政官一职在这三种官职中是最后设立的。③ 正因为如此,到了晚些时候,新添的职务增多时,名年执政官的职位也才变得重要起来。

许多年后,官职选举已经改为一年一次时,才开始有了司法执政官。司法执政官的职务是记录和保存法令

---

① 军事执政官的设立跟雅典与厄琉西斯的战争有关。这就解释了艾昂成为军事执政官的原因。很有可能早在公元前713年到公元前712年王权向所有贵族开放之前,就设立了军事执政官这一职位。亚里士多德之前的编年史作者则将军事执政官和名年执政官设立的时间都往前推了近三个世纪。——原注

② 名年执政官设立的时间大约是公元前700年。将设立时间往前推的原因是想让共和政体开始得越早越好——在阿卡斯托斯或墨冬甚至忒修斯时期就开始。——原注

③ 在《雅典政制》一书中,这种推理出现过多次。这就说明亚里士多德没有当时的史料做参考,而是采用根据当时的情况推导过去的方法。——原注

以供审判之需。在高级官吏中，只有司法执政官一职的任期从未超过一年。这便是各种高级官职建立年代的情形。九大执政官并不在同一地点办公，国王使用的建筑叫"布科利翁"，靠近城市公共会堂。名年执政官住在普律塔涅翁，军事执政官住在厄辟吕刻翁。从前，厄辟吕刻翁被叫作"波勒马耳刻翁"，但因为厄辟吕科斯担任军事执政官时曾进行了重建和装饰，所以改名为厄辟吕刻翁。①司法执政官则住在塞斯摩塞忒翁。到了梭伦时代，九大执政官全部搬到了塞斯摩塞忒翁。

九大执政官有着对讼案做出最后判决的绝对权力，而不是像现在这样只进行预审。关于高级官职的规定便是这样。亚略巴古负责监督法律的实施。但事实上，亚略巴古管理绝大多数最重要的国事，对违反法律和秩序的人，将进行惩罚。想要成为执政官，出身和财富是必备的条件。而亚略巴古的法官又是由执政官组成的。因此，直至今日，亚略巴古的法官一职都还是终身制。

以上便是宪制最初的情况。不久，阿里斯忒克穆斯担任执政官时，德拉古制定了法典，其制度如下②：能够

---

① "厄辟吕刻翁"的字面意思其实是"靠近演讲厅"。作者的解释体现了古人对此类事物的简单思维方式。——原注
② 大多数现代学者都认为这一章，至少其大部分，都是经过篡改的。此处没有足够的空间来讨论这个十分复杂的话题。添加注释者暂时更倾向于相信这一章是真实的，并在此基础上进行翻译。值得注意的是，亚里士多德在任何地方都没有提及德拉古是这部法典的作者。选文中从"法律"到"法典"的突然转变可能是由于亚里士多德史料中缺少与法律相关的细节材料。——原注

自备武器的人被赋予了公民权利。这些人具有选举权,可以从财产不少于十迈纳①且不负债的人中选出九大执政官和一些司库官,其他低级的官职则从能够自备武器的人中选出。司令官和骑兵军官的选拔标准则是:财产不少于一百迈纳,无负债,并且有合法婚生的、年龄十岁以上的孩子。新任官吏必须允许卸任的执政团②、司令官和骑兵司令在账目检查以前做出担保,要有四个担保人,与骑兵军官同等级。还有一个四百零一人的议事会,议员从有权投票之人中抽签决定。这种议事会议员和其他官吏的抽签均以年龄在三十岁以上为限。直到所有人都担任过官职,需要重新抽签之时,才有人有可能再次担任同样的职位。当议事会举行会议或需要集合时,如果有议员缺席,属五百桶户者,罚款三德拉克马③;属骑士级者,罚款二德拉克马;属牛轭级者,罚款一德拉克马。亚略巴古是法律的永久守护者,监督着各个长官,确保长官按照法律履行职务。有人如果受到不公正的待遇,便可向亚略巴古的法官提出申诉,说明自

---

① 此处及下文中就职需要的资产限定条件是存在疑点的,在抄写数字时很有可能产生了错误。——原注(迈纳是古代两河流域地区的重量单位,主要用来计重白银。——译者注)

② 他们不是造船区的执政团,就是下文提到的四百零一人的议事会的执政团。——原注

③ 阿提卡当时货币流通很少,所以就以厄基那币为参照标准。在这种参照标准下,一德拉克马相当于二十五分,一迈纳相当于一百德拉克马。——原注

己遭受的不公正待遇违反了哪条法律。然而，正如之前说的，借款要以人身为担保，而土地则集中在少数所有者手里①。

——亚里士多德《雅典政制》

● **梭伦到庇西特拉图时期的雅典宪制**（公元前594年到公元前560年）

下文的诗歌只有第一句来自亚里士多德的《雅典政制》，其余部分来自恩斯特·狄尔编著的《古希腊抒情诗集》。

这便是政府的组织架构，多数人被少数人奴役，民众站起来反抗贵族。纷争愈演愈烈，双方长期保持着互相对抗的阵势。最终，他们共同选择了梭伦作为公断人和执政官②，并且将建立宪制的重任托付于他。梭伦曾经写过一首哀歌：

"我注目凝视，悲哀充溢着我的心。爱奥尼亚最古老的地方竟然处在水深火热中。宙斯和众神绝不会想要我们的城邦走向毁灭。城邦的守护者，崇高的雅典娜女神，将整个城邦都掌握在自己的手中。而那些贵族，因为贪图钱财，所以不顾一切地想要毁灭伟大的城邦。至

---

① 德拉古的立法并没有缓解穷人的经济压力。——原注
② 公元前594年，梭伦被选举为执政官，同时是拥有绝对权力的司法行政官。尽管司法行政官这个特殊官职的任务之一是裁决民事争端，但在雅典其实并没有"公断人"一职。——原注

于普通百姓，他们的长官使用各种不诚实的手段——这些长官总有一天会为他们犯下的各种滔天罪行付出代价，因为他们不懂得满足也不知道如何平静地享受当下……这些长官对各种不公正的事情睁一只眼闭一只眼，从而使自己变得富有[①]……这些长官连圣品和公共财产都不放过，偷盗抢劫，无恶不作。他们并没有守护好正义那神圣的基础。正义虽然无言，但知道过去和现在之事。它会要求时间给出最后的答案。这答案最终会降临在整个城邦之上。城邦快速陷入可怕的奴隶制度，从而引发了冲突和战争，许多年轻人葬送了性命[②]。我们热爱的城邦正在被邪恶之人吞噬。这些人聚集在一起维护着各种不公正的计划。这就是蔓延在大众之间的恶。许多穷人被迫踏上了异国他乡的土地，看不见的枷锁将他们束缚，让他们陷入深深的悲哀。大门再也关不住罪恶。它越过篱笆逃了出来，到处能发现它的身影，即便是躲在屋子的角落里。我的灵魂催促着我来教导雅典人，让雅典人知道暴政给这个城市带来了最深重的罪恶，但善治会带来和谐与统一。好的秩序将会给邪恶套上枷锁，将崎岖变为平坦，削减暴力，让犯罪之花凋零，将扭曲变为正直，缓和残忍，终结争端，消除冲突带来的愤怒。"

---

① 文中两处省略号与原文中一样。——原注
② 显然，内战爆发了，有人阵亡了。——原注

就这样，梭伦以公断人的身份，代表每一方与对方斗争，同他们讲道理，最后劝告他们共同停止现有的纷争。就出身和名誉而言，梭伦皆属一等。但就财富和境遇而论，梭伦仅属于中等阶层①。这一点是所有人都承认的，并且梭伦本人也在一些诗中证实了。在那些诗中，梭伦劝告富人不要贪得无厌：

"你们这些财物山积、丰衣足食且有余的人，应当压制你们贪婪的心情，使它平静。应当节制你们傲慢的心怀，使它谦逊。不要以为要什么就有什么，我们决不会永远服从。"

从始至终，梭伦都认为富人是动乱爆发的原因。因此，他在哀歌的开头就表示自己害怕"他们的贪婪无度和妄自尊大"。在梭伦看来，这就是冲突的起因。

梭伦成为国家领导者后，禁止了以人身为担保的借贷，从而解放了平民百姓。梭伦还制定法律，下令取消公私债务。这一法令被称为"解负令"，意为"使人民摆脱重担"②。有些人想用这些事情来诽谤梭伦。梭伦要制定"解负令"时，曾提前将计划告诉了一些贵族。后

---

① 在希腊文献作品中，中等阶层指富有的阶层。——原注
② 亚里士多德并没有说梭伦取消了所有的债务。在这个问题上，亚里士多德拥有的唯一可靠信息来自梭伦的诗。从这些诗中我们可以推断出梭伦只取消了以土地和人为担保的债务。安德罗提翁的《阿提丝史》同样发现梭伦有一些未取消的债务。作为一个十分有学识的人，格罗特也赞同此观点。然而，与"解负令"有关的传统建立在梭伦取消了全部债务的基础上。——原注

来，如同人们说的那样，梭伦遭到了朋友的算计。那些打算诋毁梭伦的人说梭伦自己也获利不少。那些贵族借了钱，买了许多土地。等到不久以后取消债务时，他们都成了富翁。据说，后来以祖传财富闻名的那些家族就是如此发家的①。然而，事实上，大众的言论才是更可靠的。梭伦面对其他事时谦逊又有爱国精神。他曾经有机会与贵族或平民中的任一方合作，从而成为城邦的僭主。然而，梭伦宁愿被两方怨恨，也坚持城邦的荣誉和安全高于他自己的利益。像梭伦这样的人，不可能做出那么卑鄙之事，自我贬低。梭伦曾经有成为僭主的机会，不但可以从当时纷乱的局势中看出来，而且他本人在诗中也多次提到过。这也是大家认同的。因此，我们可以认为梭伦通过"解负令"使朋友和自己获利的说法是对梭伦的污蔑。

除此之外，梭伦采用了新的宪制，制定一些新的法律。德拉古的法令，除了有关杀人犯的内容，已不再使用了。梭伦命人将法律写在牌子上，牌子立在柱廊里。所有人都发誓遵守法律。九大执政官对着石头宣誓，如果违反任何一条法令，就奉献一个黄金人像。直至今日，九大执政官还用这样的誓言宣誓。梭伦决定，这些

---

① 本段很好地阐释了雅典人的政治是如何塑造他们对过去的看法的。民主主义者和寡头政治者与梭伦的政见相左。这一点在文学中也有体现。关于那些富有家族的起源的言论一定来自寡头政治者，而不是某个贵族。——原注

法律要坚持百年不变，并且以如下方法制定宪法。

梭伦依照以前人民的等级分类，把人民分为四个等级：五百麦斗级、骑士级、牛轭级和日佣级。各种官职——如九大执政官、司库官、公卖官、警吏和国库监——根据五百麦斗级、骑士级和牛轭级的人的财产估价，被分配给不同等级的人。至于日佣级的人，梭伦只允许他们充当公民大会和法庭的成员。五百麦斗级是指土地产出可以达到五百干量①和湿量的人。骑士级是指土地产出可以达到三百干量和湿量的人，或者如一些人所说，是能保养马匹的人。人们认为这一级的称谓本身便可证明它是由养马而来的。此外，古人献礼一事可为佐证，因为雅典卫城里的一尊雕像上刻着这样的诗句：

"狄菲卢斯之子安塞密翁将这个神像献给神，他已经从日佣级变为骑士级了。"

雕像的旁边还立着一匹马。可见"骑士"是指能够保养马匹的那个等级的人。然而，更可能的是，骑士级也像五百麦斗级那样，是以他们的产品总额来进行区分的。②

产品干量及湿量共计二百的人，应被定为牛轭级，其余则属于日佣级。日佣级没有权利担任任何官职。因

---

① 梭伦时期雅典的干量单位为麦斗，约1.5蒲式耳，湿量单位为桶，约8.5加仑。——译者注
② 这一阶层毫无疑问是以产品总额来划分的，每位成员被要求养一匹马，从而为战事提供服务。——原注

此,直到现在,任何人抽签充任某一官职时,问他属何等级,他绝不会说自己属于日佣级。

梭伦规定,官职应先由各个部落分别选出候选人,然后从他们中抽签选举。每一部落选出十名候选人,然后再抽签。直至今日,选举九大执政官时依旧保留了这一传统:每个部落抽签选出十名候选人,然后再通过抽签决定九大执政官的人选。① 梭伦规定按财产等级抽签选官。至今仍在实行的司库官法律中,这一点可以得到证明。司库官法律规定,司库官要从五百桶户者中抽签选举。以上就是梭伦制定的关于九大执政官的法律。而在古代的法律中,亚略巴古会通过对人们能力的判断,自行选举胜任每种官职的人,任期为一年。部落跟过去一样仍旧有四个,并有四个部落王。每个部落分为三个三一区②和十二个造船区③。每个造船区设有一种官职,称为"造船区长官",掌管征税和开支。在今已作废的梭伦法律中,常常可以看到"造船区长官征收"和"从造

---

① 显然,在叙述任命执政官的模式时,亚里士多德并没有梭伦时期的资料作为参考,仅通过自己所处年代的情况进行了推断。毫无疑问,亚里士多德犯下了一个错误。选拔官吏一直持续到公元前487年或公元前486年。——原注
② 三一区是古希腊阿提卡的行政区划,由克里斯提尼于公元前508年提出。——译者注
③ 古希腊阿提卡的行政区划,因每个造船区要提供一艘战船而得名。——译者注

船区基金支付"的条款。①梭伦又创立了四百人会议,每个部落一百人。梭伦仍然把捍卫法律的职责授予了亚略巴古,就如同亚略巴古曾经是宪法的守护者一样。事实上,亚略巴古持续管理、监督着绝大多数最重要的国家大事,尤其惩处罪人时,无论是罚金还是判刑,他都有最高的权力。亚略巴古可以随意用罚金的收入补偿卫城的开支,并且不用说明开支的理由。此外,亚略巴古还可以根据梭伦定下的法律审讯阴谋推翻国家之人。梭伦看到国家经常处在党争之中,有的公民竟然对国事漠不关心,因此,他制定了一种特殊的法律,规定在发生内战时,袖手旁观、不加入任何一方者,将丧失公民权利,不再是国家的一分子。

以上是梭伦对官职方面的管理规定。在梭伦的宪法中,最具民主特色的大概有以下三点:第一点,也是最重要的一点,禁止以人身为担保的借贷;第二点,任何人都有自愿替受到伤害之人要求赔偿的自由②;第三点,向陪审法庭申诉的权利。第三点使人民拥有了力量。人民有了投票权利,便成了政府的主人。法律条文,类似

---

① 值得注意的是,亚里士多德或者其使用的资料,都记载了保存在档案馆中的、现已废除的法律。阿提卡早期的历史都是由编年史作者从此类资料中提取而来的。——原注
② 在这里,亚里士多德第一次提到了这种规定。此处所说的伤害不是指杀人、以杀人为目的的攻击,以及相似的情景,因为在此类情况下只有受害者的亲人才能够进行控诉。作者是指孩子对父母施加的伤害,监护人对孤儿、继承人施加的伤害。在这些情况下,任何人都可以进行控诉。——原注

继承法和女继承人法①等条文，并不简洁明白，不免发生很多纷争。陪审法庭便成为一切公私之事的公断机构。因此，有人断定梭伦是有意把法律弄得含糊，以便使人民有权利对其内容做出解读。但这种想法是不正确的。其实，法律条文并不简洁明白是因为梭伦不可能在一般法律条文中做到滴水不漏。如果以如今的情况而不以梭伦立法的意图作为出发点评价梭伦，是不公平的。

这些便是梭伦制定的、具有民主性质的法律。但在立法之前，梭伦就取消了债务，而后又提高了度量衡和币制的标准。因为在当时，各种标准变得比菲敦②时期还高。③一个迈纳，原来重七十德拉克马，现在被增加为整整一百德拉克马。④而古代的标准钱币是两德拉克马。⑤梭伦又适应币制制定了衡制，一塔兰特重六十三迈纳，并将迈纳分为斯塔特和其他面额。

为了比较，下文插入了普鲁塔克在《梭伦传》中引用的安德

---

① 有关遗产、领养、家族问题的法律的确十分复杂。其原因正是家庭关系十分复杂。在这种问题上，立法者做的只不过是将传统做法融入法令。——原注
② 7世纪的阿尔戈斯国王。——译者注
③ 菲敦时期度量衡标准十分模糊。值得注意的是，亚里士多德此处提到的与菲敦有关的只有容积单位。——原注
④ 这一描述与货币制度有关。通常的解释是梭伦引进了埃维亚币制来代替厄基那币制。两种币制之间的关系正如亚里士多德所述——厄基那币制的七十德拉克马相当于埃维亚币制的一百德拉克马。因此，亚里士多德认为钱币升值其实是错误的。——原注
⑤ 厄基那币制中的两德拉克马。——原注

罗提翁的《阿提丝史》的片段。

包括安德罗提翁在内的一些权威人士，都曾经写过，梭伦不是通过废除借贷，而是通过降低利率来缓解穷人负担的。这一善举被称为"解负令"。与此同时，梭伦提高了度量衡和钱的价值。一个迈纳，原来相当于七十三德拉克马，现在相当于一百德拉克马。德拉克马在数量不变的情况下价值降低了。那些有巨额债务要偿还的人因此受益了，而债主们也没有蒙受损失。

● 继续亚里士多德的描述

当梭伦完成上面所述的宪法时，人民常来找他，批评这些，问问那些，不断烦扰他。梭伦既不愿意变更法律条文，也不愿意继续待在雅典忍受他人的敌意，所以梭伦前往埃及经商、游历，并声称自己十年之内都不会回来。因为梭伦认为自己没有义务留在雅典解释法律，大家应该遵从他制定的法律条款。这时，梭伦的境遇也很不顺遂，很多贵族因为他取消债务而与他反目。贵族和平民都因改革结果与自己所愿背道而驰而改变了对梭伦的态度。平民期待梭伦制定法律，重新分配一切财产，而贵族希望梭伦表示恢复以前的制度，就是只对以前的制度略加更改。但梭伦弄得里外不是人。梭伦虽然与任意一方结盟都有可能让自己成为僭主，但宁愿遭受双方仇视,也要拯救国家,采取最优良的立法。

对上述情形,大家的看法不但一致,而且梭伦自己在诗中也这样写道:

"我赋予人民的权利会适可而止,他们的荣誉既不减损,也不增多。即使是那些有钱有势之人也一样,我不使他们遭受不当的损失。我拿着一只大盾,保护两方,避免任何一方不公正地占据优势。"

对如何对待民众,梭伦又说出了自己的想法:

"这样一来,人民就会好好追随领袖①。自由不可太多,强迫也不应过分。若人的心术不正,财富只会让人变得傲慢无礼。"

梭伦对希望重新分配土地的人说:

"他们为劫夺而来,怀揣着暴富的希望,每个人都幻想着能获得无穷的财富。而我,言语温柔,暗地里却心肠坚硬。他们的妄想落空了,于是将我视作敌人。错了,我许下的承诺,在众神的帮助下都已完成。我不会做无用功,也不愿用僭主的力量来获取成功,更不愿让君子与小人在我们祖国获得同等的沃土。"

梭伦又说到取消债务,说到本为奴隶而在实行"解负令"后得到自由的人们:

"在我团结人民达到我的目的时,在达到目的前我为什么要罢休呢?在时间面前,奥林匹斯诸神的伟大母

---

① 地方法官。这句话证明了梭伦无意创造一个民主政体。——原注

亲——大地将是最好的证人，因为正是我，为她拔掉了许多竖立着的抵押地产的标志[①]。以前她曾是一个奴隶，而现在已经自由。我让许多被售卖的人回到了神建立的雅典。在他们当中，有的被非法出售，有的则被法律允许出售，有的因无法维持生计而流亡异地。他们四处游荡，早已忘了自己的乡音。也有的沦为奴隶，看着主人的脸色，过着胆战心惊的生活。我使他们都获得了自由。我让权力和正义两者结合，以法律的名义完成了这些事情，从而履行了我的承诺。我制定法律，无贵无贱，一视同仁，每一条都做到公平正义。如果哪个邪恶贪婪之人坐上了我的位置，不可能约束人民！因为如果我让某一方得意，或是让他们的对手欢欣，就会有许多人蒙受损失，所以我只有鼓足勇气，坚持到底，有如孤狼在一群猎狗之中！"

后来两方不满，各有怨言，梭伦又责骂他们：

"坦率地说，我很想告诉众人，他们现在拥有的一切是他们连做梦都不敢想的。而那些权高位重之人，都会赞美我，把我当作朋友。"

如果其他人取得了梭伦的职位，梭伦说：

"他不会约束人民，也不会阻止人民，直到人民生乱。然而，在双方的敌对中，我立起了一根分隔两方的柱子。"

[①] 指取消债务。——译者注

出于这些原因，梭伦出国旅行了。梭伦出国后，城邦虽然还处于扰攘不宁中，但大家和平地度过了四年。到了梭伦执政后的第五年，由于发生党争，人们选不出一个执政官。又过了五年，因为同样的原因，执政官一职仍然空缺着。此后，又过了一段同样长的时间[1]，达马西柯斯当选为执政官，两年又两个月后被迫离职。之后，由于内争，人们决定选举十名执政官[2]，五名选自贵族，三名选自农民，两名选自手工业者[3]。在达马西柯斯离职后的那一年，这些人到任。因此，我们可以看出，执政官的权力很大，因为人们常常为这一官职斗争。雅典人民继续处在内部混乱的状态中。有人把取消债务作为骚乱的诱因和借口，因为取消债务使他们变为贫民，有人因为宪法的巨大变动而心存不满，有人则因互相敌

---

[1] 不同的编辑对这些时间数据的解释有着很大差异。这一内容过于复杂，难以在此处进行处理。——原注

[2] 在迈耶尔看来，这个方法将九大执政官和首席执政官的功能转移到了十人委员会上。在亚里士多德看来，人们的意见不合针对的只是首席执政官。而事实上，在亚里士多德的参考资料中，"十执政官"来自一篇文献，并翻译为此。然而，迈耶尔认为下层阶级的人只要在委员会中有相应的代表，就愿意将首席执政官的位置交到贵族手中。除此之外，亚里士多德并没有说明十执政官及三个阶级的分配是暂时的权宜之计还是持续执行的。但从那之后没有产生过纷争。因此，我们可以判断这一方法一直延续到了庇西特拉图之时。在克利斯第尼制定的体系中，委员会的书记被算作第十位执政官。——原注

[3] 这一方法被看作是保守的，仿佛又回到了任命官员对财产没有要求的时期。不过，我们可以相信，尽管选举范围扩大了，贵族阶级依旧占据着垄断地位。这里提到的方法，如同罗马的《李锡尼乌斯-赛克斯提乌斯法案》一样，需要实际操作时符合法律。——原注

视而愤愤不平。党派有三。其一为海岸党人,以阿尔克墨翁之子麦加克勒斯为首。海岸党人偏向于创立一种中庸的政体。其二是平原党人,他们要求成立寡头政治,其领袖是利库尔戈斯。其三是山地党人,以庇西特拉图为首。庇西特拉图是最倾向于人民利益的人。还有两部分人也归到山地党,一是被剥夺债权的人,他们是出于贫穷;二是血统不纯者,他们是出于恐惧。各党派的名字是由他们土地所在的地区而来的。

● **僭主政体**

庇西特拉图是一个十分倾向于民众的人,并且曾在对迈加拉的战争中赢得很高的声誉。庇西特拉图弄伤了自己,然后佯称这是乱党分子做的,劝诱人民准许他为自己设置卫士。于是,庇西特拉图得到一些卫士。这些卫士被称为"持棒者"。庇西特拉图同这些人合伙谋反,并且在科墨阿斯担任执政官的那一年,即梭伦立法后第三十二年[①],占领了卫城。据说,庇西特拉图请求为自己设置卫士时,梭伦曾反对这个请求,并且说自己比某些人更聪明,比另外一些人更勇敢——比那些看不出庇西特拉图觊觎僭主之位的人更聪明,比那些看懂此事

---

① 公元前560年。"第三十二年"可能是抄写员的误写,实际应该是"第三十四年"。——原注

但缄口不言的人更勇敢。梭伦仅凭口头反对不能产生任何作用时,就拿出自己的铠甲,放在门前,并且要求他人也这样做。梭伦说因为自己现在已是高龄老人,所以自己已经竭尽所能帮助国家。梭伦的劝诫没有产生效果。然而,庇西特拉图在夺得政权之后,便按照宪法处理公共事务,而不采取僭主作风。但庇西特拉图的地位不够稳固,在庇西特拉图第一次建立政权后的第六年,即赫革西阿斯担任执政官的那一年,麦加克勒斯和利库尔戈斯的朋党便联合起来,把庇西特拉图赶走了。此后第十二年,麦加克勒斯苦于党争,向庇西特拉图伸出了橄榄枝。①在庇西特拉图同意和麦加克勒斯女儿科西拉结婚的条件下,麦加克勒斯用一种十分古老而又简单的方式,使庇西特拉图回归。麦加克勒斯事先散播谣言,说雅典娜将带领庇西特拉图回家,然后找到一个高挑又美丽的妇人。据希罗多德说,这个妇人来自派阿尼阿村社。据其他说法,这个妇人是色雷斯的一个卖花女,名费厄,来自克莱特斯。②费厄被装扮成女神的样子,和庇西特拉图一同入城。庇西特拉图驱车入城,费厄伴其身旁,城中人民吃惊地迎接他们。

---

① 这些年代数据是不可靠的。各种言论也无法达成一致。基本上合理的推断是,庇西特拉图的第一次统治和流放都十分短暂,加起来共十年的时间。庇西特拉图的第二次流放持续了十年,最终的统治持续了十年到十一年的时间。——原注
② 在僭主政体下存在着许多村社,只不过在克利斯第尼之前它们不是合法的实体。——原注

这就是庇西特拉图的第一次回归。但在庇西特拉图回国后的大约第七年，他再次被赶走了。庇西特拉图因为不愿和自己的妻子、麦加克勒斯的女儿相处下去，加上畏惧两党，所以暗中离开了这个国家。起初，在赛耳迈湾附近一个叫赖刻卢斯的地方，庇西特拉图建立了一个殖民地，然后从赖刻卢斯继续前进，来到潘加尤斯山附近。在潘加尤斯山附近，庇西特拉图发财致富，并且雇用士兵。在离开雅典的第四年，庇西特拉图来到埃雷特里亚。庇西特拉图第一次打算用武力恢复自己的权力。他打算同底比斯人、纳克索斯的吕戈达米斯和控制埃雷特里亚政府的骑士合作。在帕勒尼战役获胜后，庇西特拉图占领雅典，并解除人民武装，坚定地实行专制统治。在夺取纳克索斯之后，庇西特拉图任命纳克索斯的吕戈达米斯为统治者。庇西特拉图解除人民武装的方法是这样的：在塞瑟姆神殿，庇西特拉图举行了阅兵。在发表演说时，庇西特拉图把说话声放低。当人们喊着听不到时，庇西特拉图便请人们走到卫城的入口，以使人们听得更清楚。庇西特拉图发表演说，慢慢地拖延时间，而预先布置好的人便把武器收集起来，锁在塞瑟姆神殿附近的房屋中。锁好之后，向庇西特拉图示意。庇西特拉图结束了演说，并将武器之事告诉了听众，并且告诉人们不必奇怪，也不要沮丧，只要回去干自己的私事即可，而一切公事将由他负责。

这便是庇西特拉图最初建立僭主政治的途径和后

来发生的一系列事件。如上所述，庇西特拉图处理国政是温和的，更像是一名政治家，而不是一名僭主。庇西特拉图仁慈温和，对待犯法的人尤其宽大，并且向有需要的人提供借款，使他们能够依靠农耕养活自己。庇西特拉图这样做有两个目的，一是使这些人散居乡村而不在城市逗留，二是使他们拥有小康之产，从而忙于私事，既不愿意也没有时间留心公事。与此同时，耕地使庇西特拉图的税收也有所增加，因为庇西特拉图抽取产品的十分之一作为税收。出于同样的原因，庇西特拉图又设立了地方法官，并且常常亲自到乡下巡视、检查并解决纠纷。据说，在庇西特拉图某次巡视的时候，碰到了一个人在伊米托斯山上耕种，此人耕的田后来成了"免税田"。庇西特拉图看见一个人拿着一根棍子在石头间挖坑和耕种。他很诧异，就命令自己的奴仆上前询问这块田里生长着什么谷物。那个人说："只有疼痛和苦楚罢了。不过，这些疼痛和苦楚一定也要让庇西特拉图拿去十分之一。"这个人在回答的时候，不知道问者就是庇西特拉图。然而，庇西特拉图喜欢他说话坦诚和工作勤苦，就免去了他全部的税。

在其他方面，庇西特拉图从不为难人民。庇西特拉图总是致力于维持和平安定。因此，人们常说，庇西特拉图的僭主政体是黄金时代。因为后来庇西特拉图的儿子希庇亚斯和希帕恰斯继任后，管理变得严酷很多。庇西特拉图最值得称颂的品质就是他为民着想、非常善良。任何时候，庇西特拉图都根据法律来管理，不会行使任何特权。特别是有一次，庇西特拉图被指控犯杀人罪，到亚略巴古受审，庇西特拉图也亲自出庭，自行辩护。控告者害怕了，并没有现身。就这样，庇西特拉图统治了很长一段时间，每次被人推翻，也都能很快恢复。因为大多数贵族和普通民众都愿意接受庇西特拉图的统治。一方面，庇西特拉图以殷勤、厚待博得贵族的拥护；另一方面，在私事上帮助人民，获取人民的好感。当时，雅典实行的关于僭主的法律也是温和的，特别是涉及建立僭主政治的法律条文。内容如下："这是雅典的法令和祖传原则——任何为达到僭主统治目的的作乱者，或任何帮助建立僭主政治者，他本人和他的家族都会被剥夺公民权利。"

庇西特拉图最后在职终老。在腓罗涅俄斯担任执政官时[①]，即庇西特拉图第一次自立为僭主后的第三十三年，庇西特拉图死于疾病。但庇西特拉图的实际统治时间仅十九年，剩下的时间都处在流亡中。曾经有人说庇西特拉图是梭伦的宠儿，说他曾在同迈加拉争夺萨拉米斯的战争中担任过将军。这种说法显然是荒谬的。因为只要计算两人的岁数和两人去世的年代就可以明白，他们所处年代与上述说法不符。庇西特拉图死后，他的儿子们希庇亚斯和希帕恰斯掌握政权，并采取同样的方法

---

① 公元前 527 年。——原注

处理国事。庇西特拉图同自己的合法妻子有两个儿子，分别是希庇亚斯和希帕恰斯。庇西特拉图同出生于阿尔戈斯的妻子①提摩纳萨也育有两子，即伊俄丰和赫革西斯特拉图斯，赫革西斯特拉图斯又名塞塔卢斯。庇西特拉图曾娶阿尔戈斯人戈耳隔卢斯的女儿提摩纳萨为妻。提摩纳萨曾是安布拉基亚库普利德家族的阿耳克努斯的妻子。因此，庇西特拉图和阿尔戈斯很友好。在帕勒尼战役，赫革西斯特拉图斯曾率领一千阿尔戈斯人为庇西特拉图作战。有的人说，庇西特拉图是在第一次流亡时与阿尔戈斯妇人提摩纳萨结婚的，也有的人认为是在他任职时期。

　　因为声誉更好，年纪更长，所以希庇亚斯和希帕恰斯当权掌管国事。但希庇亚斯因为居长，有政治家风度，又生性聪敏，所以是实际的首领。希帕恰斯风流倜傥，喜爱文学。他曾经邀请阿那克里翁、西莫尼季斯和其他诗人到雅典来。塞塔卢斯则年轻得多，平日生活鲁莽霸道。②塞塔卢斯是整个家族一切不幸的源泉。因为塞塔卢斯曾爱恋哈莫迪乌斯，但无法赢得其欢心，所以因爱生恨。后来，哈莫迪乌斯的妹妹卡纳弗罗斯将在泛雅典娜节的游行中充当提篮女郎，塞塔卢斯力加阻止，同

---

① 公元前451年，伯利克里的一条法令规定雅典公民的父母必须都是雅典人。亚里士多德及其他古代作家错误地认为从最早期这一条法令便开始执行了。因此，他们认为庇西特拉图的异国婚姻是不合法的。——原注
② 此句似乎是后来加入的。——原注

时谴责哈莫迪乌斯生活近似女流。

愤怒之下的哈莫迪乌斯和阿利斯托吉顿同许多人联合起来,筹划他们的阴谋。到了泛雅典娜节,他们在卫城上注视着希庇亚斯。当时,希庇亚斯正在祭祀,而希帕恰斯正在整顿游行队伍。他们突然看见自己的一个同谋者正在和希庇亚斯亲切地交谈。他们断定这个人在告密。他们决定在被捕之前先干点什么,于是走下卫城,不等他们的同谋者聚到一起就发起了行动,杀死了正在利俄科里翁附近整顿游行队伍的希帕恰斯。这样就破坏了整个计划。哈莫迪乌斯当即被护卫杀死,阿利斯托吉顿则被逮捕,被长期刑讯折磨而死。在严刑胁迫下,阿利斯托吉顿说出许多出身贵族并且是希庇亚斯朋友的名字来,但希庇亚斯无法立即找到关于阴谋的线索。有一种说法是希庇亚斯曾下令让队伍中的人放下武器,并搜索他们身上是否藏有匕首。这种说法是不正确的,因为当时不允许队伍携带武器。在游行队伍中携带武器的习惯是后来实行民主政治时才确定的。

按照民主政治作家的说法,阿利斯托吉顿会归罪于僭主的朋友,目的是让僭主杀戮无辜,加害自己朋友,从而陷不敬神明的境地,并且削弱僭主自己的力量。其他人则认为阿利斯托吉顿说的人并非虚构,而是揭发了真正的同谋。最后,阿利斯托吉顿竭尽全力仍不能求得一死时,就答应告发更多人,引诱希庇亚斯将自己的右手伸向他,以示诚意。但握住希庇亚斯的手时,阿利斯托吉顿又嘲笑希庇亚斯,说他竟然和杀害自己弟弟的凶手握手。这彻底激怒了希庇亚斯。希庇亚斯再也难抑心中的怒火,立即拔出短刀,把阿利斯托吉顿杀了。

自此之后,僭主政治变得越发严酷。希庇亚斯为了替自己的弟弟希帕恰斯报仇,处死和流放了许多人,自己也变成了一个多疑和易怒之人。希帕恰斯死后约四年,雅典的情况恶化,希庇亚斯决定在穆尼客阿设立防御工事,并且打算将自己的居所迁到穆尼客阿。

希庇亚斯正忙于迁居的时候,就被斯巴达国王克莱奥梅尼一世赶走了。这是因为神谕常常煽动拉栖第梦人去推翻僭主政治。会有这些神谕的原因如下:以阿尔克迈翁家族为首的流亡者们单凭他们自己的力量无法回国。他们做的其他努力也均以失败告终,尤其值得一提的是他们曾在阿提卡国内帕尔涅斯山上的勒普绪德里翁建立防御工事。在勒普绪德里翁,他们和一些城里的朋友遭到了僭主的围攻。后来,人们常在歌中这样唱道:

"唉,勒普绪德里翁,你背叛了你的朋友,你断送掉多么伟大的英雄好汉的生命啊!他们是英勇的斗士,有着高贵的血统。他们的所作所为无愧于他们的祖先啊!"

以阿尔克迈翁家族为首的流亡者因为在其他方面都失败了,所以就立约建造德尔斐神殿。这帮助他们得到了拉栖第梦人的援助。每当拉栖第梦人求神谕时,皮提亚祭司总是令拉栖第梦人解放雅典,直到拉栖第梦人真的做到了这一点，尽管拉栖第梦人是庇西特拉图家族的客人及朋友。然而，庇西特拉图家族和阿尔戈斯人之间的联盟关系，也是拉栖第梦人发起行动的重要原因。最初，拉栖第梦人派安科莫鲁斯率领一支军队从海上发动进攻。但色萨利的齐尼亚斯率领一千骑兵前来帮助庇西特拉图家族防守。安科莫鲁斯战败而亡。此事激怒了拉栖第梦人。于是，克莱奥梅尼一世统率大军从陆地出发，打败了打算阻止他们进入阿提卡的色萨利骑兵，又把希庇亚斯赶到了皮拉吉克城墙内。在雅典人的帮助下，将希庇亚斯困在了这里。此事发生在哈帕克提得斯担任执政官的那一年[①]。希庇亚斯和希帕恰斯在其父庇西特拉图死后保持僭主政治约十七年，加上庇西特拉图的当权时间一共四十九年。

——亚里士多德《雅典政制》

●克利斯第尼及民主政治(公元前508年到公元前480年)

僭主政治被推翻之后，一场党争爆发了。一方领袖是僭主的朋友——忒珊得耳之子伊萨戈拉斯；另一方领袖是克利斯第尼。克利斯第尼属于阿尔克迈翁家族。克利斯第尼心系人民，并且承诺将权力还给人民。伊萨戈拉斯失势，求助于好友克莱奥梅尼一世，请克莱奥梅

---

① 公元前510年。——原注

尼一世前来清除被玷污的克利斯第尼，因为阿尔克迈翁家族被看作受到诅咒的家族。[①]因此，克利斯第尼暗中率领少数军队从雅典撤离。而克莱奥梅尼一世继续驱逐了被控的七百个雅典家庭。完成此事后，克莱奥梅尼一世试图解散议事会[②]，让伊萨戈拉斯和三百名党人共同掌握政权。然而，此事遭到议事会的反对，人们也团结起来抵抗。克莱奥梅尼一世和伊萨戈拉斯的队伍都藏在卫城里。人们安营扎寨，连续围攻卫城两日。到了第三日，人们以停战为条件允许克莱奥梅尼一世和追随者离开，并且将克利斯第尼和其他流亡者招了回来。现在，人民已经成为国家的主人，克利斯第尼则担任人民的领导人。因为在驱逐僭主时，阿尔克迈翁家族是主要的发动者，也与僭主时刻处于斗争状态。更早的时候，阿尔克迈翁家族的刻冬也曾攻击过僭主，所以人民曾经这样唱道：

"孩子，现在为刻冬斟满，让我们一起为他干杯。永远也不要忘了，我们有责任祭奠、怀念这位勇士。"

出于上述原因，人民信赖克利斯第尼。当时是僭主被废黜后的第四年，也就是伊萨戈拉斯担任执政官的那一年[③]，克利斯第尼成为人民领袖。克利斯第尼第一步

---

① 受到诅咒是因为他们杀害了库伦的追随者。——原注
② 此处是指四百人的议事会。当时还没有成立五百人的议事会。——原注
③ 公元前508年。——原注

便是把所有居民从原有的四个部落扩大为十个部落，目的是混合不同部落的成员，以便让更多的人获得公民权利。因此，当有人想要查问人们氏族的时候，有种说法叫"部落不分彼此"。这种说法便由此而来。① 克利斯第尼第二步是把议事会的成员由四百人改为五百人，从之前的四个部落每个部落出一百人改为现在的十个部落每个部落出五十人。克利斯第尼不将部落改为十二个是因为这样就可以不必使用现成的三一区的划分，因为四个部落共有十二个三一区。如果按照三一区划分就无法将人民重新分配。②

克利斯第尼又把全部村社分为三十个区，十个区在城市附近，十个区在沿海地区，十个区在内陆地区。克利斯第尼称这些区为"三一区"，并且通过抽签给每个部落分配了三个区。这就使一个部落在所有地区都占了一份。克利斯第尼又规定住在同一村社里的所有人彼此都是村民，让他们不用父辈的名字相称，而以村社的名字相呼，以免新近获得公民权利的公民引人注意。因此，雅典人一直使用自己村社的名字作为姓氏。克利斯第尼又设置村长，其职务和以前的造船区长官相同，因

---

① 这句话的真正含义是，在之前的部落中，人们是根据氏族进行区分的。而在新的体系下却不是如此。"部落不分彼此"这一俗语是否真正出自这个场景也不确定。——原注
② 亚里士多德认为有必要这样解释是因为，十二个部落，每个部落代表一个月是更加合适的安排。部落的数量在公元前 307 年增加到了十二个。——原注

为克利斯第尼已经用村社代替了造船区。有些村社以它们所属的地方来命名,有些则以其建立者命名,但许多地方都没有将建立者的名字保存下来。在氏族和胞族,属于各个村社的宗教职务方面,克利斯第尼允许人们保持从前的习惯①。克利斯第尼又制订了十个英雄作为部落名称由来的神。这十个人是皮提亚祭司从一百名创始者中选出来的。②

由于这些改革,宪法比梭伦时期要民主得多。梭伦制定的某些法律因难以遵守而被废除,克利斯第尼则为赢得民心而启用了新的法律,其中包括《贝壳流放法》。在这些制度建立后的第五年,也就是赫耳摩克勒翁担任执政官的那一年③,雅典人制订了五百人会议就职宣誓词,一直沿用到现在。其次,雅典人开始按部落选举军队长官,每个部落选举一人④。但整个军队仍归军事执政官统率。在这些改革十一年之后,也就是菲尼普斯任执政官的那一年⑤,雅典人在马拉松战役中获得了胜利。

---

① 克利斯第尼从未破坏过氏族的组成,这一点是毋庸置疑的。从亚里士多德的《政治学》中我们得知克利斯第尼扩大了胞族的数量。根据这两篇文章,我们可以认为旧的公民所在的胞族保持不变,而新的胞族是为了大量新公民而设立的。许多神职人员依旧是在贵族中世袭的。——原注
② 克利斯第尼将一百个当地英雄或创始者的名字交给德尔斐的女祭司,后者从中选择十个名字作为部落名字的由来。——原注
③ 公元前 501 年到公元前 500 年。——原注
④ 五百人会议及十个部落组成的军队并不是在上述日期之前所建立的,因此我们可以推断中间花费了几年的时间进行区域的划分和边界的确定。——原注
⑤ 公元前 490 年至公元前 489 年。——原注

马拉松战役胜利后两年，人民喜气洋洋，第一次实行了《贝壳流放法》，原因是人民对某些当权者产生了怀疑，因为当年庇西特拉图就是以人民领袖和军队长官的身份自立为僭主。第一个被《贝壳流放法》驱逐的人是庇西特拉图的儿子希帕恰斯，他是克莱特斯村卡耳穆斯的儿子。赶走这个人本来就是克利斯第尼制定《贝壳流放法》的主要原因。① 但在此以前，希帕恰斯一直没有被驱逐，因为在混乱时期，雅典人允许没有与僭主共同作恶的、僭主的所有朋友留居城内。这一点体现出雅典人的宽宏大量。而僭主朋友的领导者和资助者恰恰是希帕恰斯。此后一年，在忒勒西努斯担任执政官的时候②，从五百个预选人中人们通过抽签决定九大执政官。这五百名预选人是从各个部落的村民中选出的。③ 这是僭主政治之后第一次采用抽签的方式决定执政官。在此之前，所有执政官都是通过选举产生的。同一年，阿罗珀刻村社的科斯的希波克拉底④之子麦加克勒斯被《贝壳流放法》流放了。在三年的时间里，人们持续流放僭主的朋友。僭主的朋友也是《贝壳流放法》针对的目标。到了

---

① 这一论述极有可能是不正确的。——原注
② 公元前487年至公元前486年。——原注
③ 选举方法的改变使执政官这一职位失去了重要性。执政官不再是最重要的官职，十大军队长官取而代之。——原注
④ 科斯的希波克拉底与克利斯第尼是兄弟。既然麦加克勒斯被认为是僭主的朋友，那么我们可以推断出麦加克勒斯与僭主之间有政治上的"勾当"。——原注

第四年,人们又开始用《贝壳流放法》驱逐任何拥有过高权势之人。第一个和僭主无关但遭到驱逐的人是阿里佛隆之子科桑西普斯①。两年后,在尼科得密斯担任执政官的一年②,由于在马罗尼亚开始采矿,国家获利一百塔兰特。于是,有些人建议应将此款分给人民。但塞米斯托克利从中阻挠。塞米斯托克利没有说自己要将此款做什么用,但提议把钱借给雅典最富有的一百个人,每人一塔兰特。雅典最富有的一百个人如果用款得当,这笔钱就算是国家出的;如果用得不当,国家可向借款人收回这笔款③。于是,这笔钱就交由塞米斯托克利处理,他想用这笔钱建造一百艘三列桨战船并组成舰队,由一百个借款人每人造一艘。在萨拉米斯海战中用来和蛮族作战的就是这支舰队。这段时间,利西马科斯之子阿里斯提得斯也遭到了流放。三年后,叙普塞喀德担任执政官时④,由于薛西斯一世的入侵,流放的人被召回,并且此后被流放的人不能住在吉拉斯都和西利阿姆,违者将丧失公民权。⑤

——亚里士多德《雅典政制》

---

① 公元前 485 年到公元前 484 年。原文《贝壳流放法》的投票是在冬天,科桑西普斯是在公元前 484 年年初被流放的。——原注
② 公元前 483 年至公元前 482 年。——原注
③ 这一逸事显然不是发生在这里。——原注
④ 公元前 481 年到公元前 480 年。——原注
⑤ 此举的目的是防止被流放之人靠近自己的家,从而干预政治。——原注

●《贝壳流放法》的投票步骤

　　《贝壳流放法》的投票步骤大致是这样的：每个人拿着贝壳或陶器碎片[①]，把认为需要流放的市民的名字写在上面，放到市场上一处用木栏杆围起来的地点。首先，执政官会统计碎片的总数。如果碎片的数量少于六千，投票被视为无效。[②]然后，执政官会记录每个名字出现的次数。名字出现次数最多之人将会被流放十年。与此同时，被流放者仍有权拥有自己的财产。[③]

　　——普鲁塔克《阿里斯提得斯》

　　在斐洛考鲁斯的第三本书中，斐洛考鲁斯是这样描述《贝壳流放法》的。[④]

[①] 写有著名希腊人名字的碎片有些可能存放于大英博物馆之内。——原注
[②] 这一规定的目的在于确保投票人数的确达到了法定的最低人数——六千。如果投票人数少于六千，则不会对每个人的名字计数以防止投票之人被不公正对待。公元前4世纪初，在付钱参与集会之后，便有官员记录每位市民的参加情况。但克利斯第尼不太可能采取这种做法。只有通过上文描述的计数，才能确定参与的人数。——原注
[③] 普鲁塔克对这一过程的描述十分清楚，应该是参考了可靠的史料。根据普鲁塔克的说法，投票的法定人数为六千，最多的票数决定流放之人。这一解释与众所周知的行使特权的法定人数为六千的事实互相印证。——原注
[④] 需要注意的是这里不是斐洛考鲁斯的自述。本篇文章是佛提乌斯对斐洛考鲁斯作品的直接或间接引用。本篇文章内容十分晦涩难懂，并且包含了至少一个重大的错误：十年后来又被缩减到五年。被流放之人行动受限的言论也是存疑的。这些瑕疵降低了文章的可信度。——原注

在第八部团期①之前，集会的人们会进行预投票，以确定他们是否能够使用《贝壳流放法》。如果答案是肯定的，则会将市场上的某处用木栏杆围起来并留下十个出入口。市民们按照各自的部落分别进入，放入刻有字的碎片。九大执政官和五百人会议主持流程并计票，若票的总数不少于六千，那么得票最高的人就要处理自己私人商业交易上的法律案件，然后在十天之内离开国家，被流放十年的时间。流放的时间后来又变成了五年。被流放之人可以继续使用自己的财产，但不能进入划在埃维亚海角处的界限内。西帕波鲁斯遭到了《贝壳流放法》的流放②，原因不是西帕波鲁斯有想要当僭主的嫌疑，而是西帕波鲁斯卑鄙的性格。西帕波鲁斯被流放后，《贝壳流放法》被废除了。③

——斐洛考鲁斯《阿提丝史》

●波斯对希腊宗教的宽容

下文为约公元前500年，大流士大帝写给波斯官员加达大斯的信。

---

① 五百人会议分为十个五十人团，每个五十人团按照部团期轮流执政，每个部团期执政三十五日或三十六日。——译者注
② 斐洛考鲁斯应该写下了流放西帕波鲁斯之人的名字，但佛提乌斯只保留了这一句。——原注
③ 总体而言，这篇引自斐洛考鲁斯作品的、有瑕疵的选段并不能用来反驳普鲁塔克清晰而又连贯的言论。——原注

从下面的选文开始一直到本章结束将会介绍希腊人与他们的敌人——波斯人之间的关系。

虽然可以追溯到罗马时期，但所引铭文被确认是波斯国王大流士大帝书信的副本。关于这封信收信人加达大斯，我们没有更多的信息。但可以肯定的是，加达大斯是爱奥尼亚的一名官员，可能是地方长官，更可能是某王室园林的监督者。这封信显示出大流士大帝细致的管理和对宗教的宽容。大流士大帝虽然是阿胡拉·马兹达①的崇拜者，但在爱奥尼亚保留了阿波罗神殿。

希斯塔斯普之子，万王之王大流士大帝，对自己的奴隶加达大斯说：

我听说你在各个方面都没有遵从我的命令。你将幼发拉底河另一边的国家②的水果移植到我的土地上。这么做值得称赞，可以说你为王室做了一件大事③。但你对我对众神的政策熟视无睹。如果你再不改正，我会让你知道我生气的代价。你竟然从阿波罗神殿里的园丁那里索取钱财，还让他们去挖掘那些被亵渎的土地。你竟然不知祖先对神的敬畏，神曾经告诉波斯人所有真相④。

---

① 阿胡拉·马兹达是琐罗亚斯德教中最重要的神，被认为是宇宙的创造者及善的化身。——译者注
② 叙利亚。——原注
③ 加达大斯被列入了国王恩人的名单。相似的表述出现在修昔底德引用的薛西斯一世的一封信中。——原注
④ 这里指的是大流士大帝的前任居鲁士或冈比西斯曾经收到的阿波罗的神谕。——原注

●波斯人征服纳克索斯的尝试（公元前500年）

大流士大帝的进攻策略就是将波斯帝国的西部版图不断向欧洲延伸。大流士大帝征服了色雷斯，获得了马其顿名义上的归依，其帝国一直延伸到色萨利的北部边境。小亚细亚海岸附近的爱琴群岛也臣服于波斯。以下摘录描述了大流士大帝将领土从爱琴海一直扩大到纳克索斯的企图。选文也很好地阐述了一个事实——希腊最大的敌人就是自己的人民。

就在这时，这些城市[①]开始给爱奥尼亚带来麻烦。在纳克索斯，一些富裕的人被市民驱逐出境。这些富裕的人便逃到了米利都。但这时负责管理米利都的恰巧是莫尔帕哥拉斯的儿子阿里司塔哥拉斯。阿里司塔哥拉斯既是希司提埃伊欧斯的女婿，又是他的表侄子，而希司提埃伊欧斯则是大流士大帝留在苏萨的吕撒哥拉斯的儿子。希司提埃伊欧斯是米利都的僭主。当流亡的纳克索斯人到来时，他正在苏萨。从前，纳克索斯人一直是希司提埃伊欧斯的盟友。纳克索斯人来到米利都时，问阿里司塔哥拉斯能否多少给他们一些兵力，以使他们返回自己的故土。考虑到如果借助自己的力量将纳克索斯人送回故土，那么自己就会成为纳克索斯的统治者，所以阿里司塔哥拉斯便以纳克索斯人是希司提埃伊欧斯

[①] 下文将提到的帕罗斯和米利都。——原注

的朋友为由，向他们建议说："我无法保证我能够违背纳克索斯人的意愿，给你们提供充足的兵力，使你们返回国土。因为我听说，纳克索斯人拥有八千名持盾的步兵和许多战舰，但我会竭尽全力来帮助你们。我的计划是这样的：你们知道，我的朋友阿尔塔普列涅斯是希斯塔斯普的儿子，也就是国王大流士大帝的兄弟。阿尔塔普列涅斯统治着亚细亚沿海的各族人民，并且拥有规模庞大的陆军和许多舰船。我想这个人会满足我们的请求。"纳克索斯人听到此话，便把这件事托付给阿里司塔哥拉斯，让阿里司塔哥拉斯竭尽所能去处理这件事，而他们愿意负担远征需要的赠礼和一切花销。纳克索斯人满心期待着他们出现在纳克索斯的时候，纳克索斯人民会遵守他们所有的命令，而其他岛上居民也会这样做。这是因为在基克拉泽斯群岛中，还没有任何一个岛是臣服于大流士大帝的。

阿里司塔哥拉斯到了萨迪斯就对阿尔塔普列涅斯说，纳克索斯虽然算不上一个大岛，但风景优美，土壤肥沃，并且接近爱奥尼亚。纳克索斯还有巨大的财富和大量的奴隶。"因此，你可以派遣一支军队去攻打纳克索斯，并把遭到流放的人带回去。如果你同意这样做，除出征的费用之外，我还为你准备了一大笔钱。这样一来，你不光会为大流士大帝赢得纳克索斯本土，还将赢得其附属岛屿——帕罗斯岛、安德罗斯岛和基克拉泽斯群岛。拥有了这些地方，你便能轻松地进攻埃维亚。埃维亚是一个富裕的大岛,与塞浦路斯一样大,并且容易攻克。要征服所有地方,一百艘船够用了。"阿尔塔普列涅斯回答道:"你提出的这个计划对王室是有利的。除船的数量这一点之外,你的意见是很好的。春天来到之时,我将会准备好二百艘船而不是一百艘。不过,此事必须获得大流士大帝的同意。"

听到这样的答复,阿里司塔哥拉斯十分高兴地返回了米利都。与此同时,阿尔塔普列涅斯派使者将阿里司塔哥拉斯说的话带到苏萨,获得了大流士大帝本人的同意。于是,阿尔塔普列涅斯便装备了二百艘三列桨战船,以及一支由波斯人及其盟友组成的庞大的军队,并且任命波斯人麦加巴特担任统帅。麦加巴特是阿契美尼德王室[①]成员,是阿尔塔普列涅斯和大流士大帝的堂兄弟。后来,如果故事是真实的,拉栖第梦人克利俄姆布罗塔斯的儿子帕萨尼亚斯同麦加巴特的女儿订了婚,因为帕萨尼亚斯渴望成为希腊的独裁者。阿尔塔普列涅斯任命麦加巴特为统帅后,便派麦加巴特带领军队到阿里司塔哥拉斯那里去。

于是,麦加巴特便从米利都将阿里司塔哥拉斯和爱奥尼亚军队及流亡的纳克索斯人载到船上,装出一副要向赫勒斯滂[②]进发的样子。但麦加巴特到达希俄斯岛的

[①] 波斯贵族家庭。大流士大帝也属于这个家族。——原注
[②] 达达尼尔海峡的古称。——译者注

时候，却指挥舰队前往高加索，为了可以乘着北风一直渡海到纳克索斯。但纳克索斯人命中注定不会毁在这支远征军的手里，因为发生了如下事件。原来，正当麦加巴特到每条船上巡视哨兵的时候，发现孟多司人的那艘船上没有哨兵。麦加巴特十分愤怒，于是命令自己的卫兵把这艘船的指挥官找来。指挥官叫司库拉克斯，被绑了起来，只见他一半身子插在桨孔里，头朝外，身子在内。与此同时，有人带信给阿里司塔哥拉斯说，他的孟多司人朋友司库拉克斯被绑了起来，并且受到麦加巴特的侮辱。于是，阿里司塔哥拉斯便前来要求波斯人释放司库拉克斯，但遭到了波斯人的无视。于是，阿里司塔哥拉斯便自己动手把司库拉克斯释放了。麦加巴特听闻此事，勃然大怒，冲着阿里司塔哥拉斯大发雷霆。但阿里司塔哥拉斯回答道："这些事情和你有什么关系？阿尔塔普列涅斯不是派你来服从我，并且根据我的命令航行吗？你为什么要多管闲事？"麦加巴特被激怒了，便在夜里派人乘船到纳克索斯，将纳克索斯人即将面临的危险提前告诉了他们。

纳克索斯人本来没有料到自己竟会是这次远征的目标。他们得知这个消息后，便立刻把郊外的物资搬到城里，备好了遭到围攻时的饮食，并且加强了城防。纳克索斯人对即将到来的战争做好了一切准备。他们的敌人乘船从希俄斯岛来到纳克索斯发起进攻时，面临的是纳克索斯人的严防死守。远征军整整围攻了四个月，带来的物资消耗殆尽。此外，阿里司塔哥拉斯也花了大量金钱。要继续围攻，就需要更多的金钱。于是，远征军便给流亡的纳克索斯人构筑了一座要塞，自己则沮丧地返回内陆去了。

——希罗多德《历史》

●公元前481年希腊会议的议程

下文所述的公元前481年的希腊会议是在雅典的建议下召开的，也受到了斯巴达的正式邀请，在科林斯地峡的波塞冬神殿集会。参会人员由希腊各个城邦的代表组成，目的在于协商抵御薛西斯一世的方法。当时，薛西斯一世正准备入侵希腊。

希腊同盟的核心便是伯罗奔尼撒同盟。公元前6世纪，伯罗奔尼撒联盟逐渐壮大。选文阐述了希腊各城邦的内部情况及面对薛西斯一世入侵希腊这一史上最大危机时彼此之间的关系。

于是，所有希望希腊今后越来越好的希腊人集合到一起，商议并许下承诺。之后，他们决定首先应结束内部之间的战争。与此同时，希腊人与外人也进行着战争，尤其值得一提的是与厄基那人的战争。后来，希腊人听说薛西斯一世率领军队抵达萨迪斯时，便计划派间谍到亚细亚，以便侦察薛西斯一世的军事力量。同时，希腊人决定要派使者前往阿尔戈斯，同阿尔戈斯人结盟，共同抵抗波斯。此外，希腊人派人前往西西里，去狄诺墨涅斯的儿子革隆①那里，还有克基拉岛，请求他们支援希腊。希腊人还打算派人前往克里特岛，他们希望整个希腊种族能结成一体并为一个共同的目标而奋斗。毕竟，这一危机威胁到全体希腊人。据说，当时革隆的实力很强大，要远远超过希腊的其他力量。

在做了这样的决定并调解了内部的争端以后，希腊人首先派了三个间谍前往亚细亚。三人到达萨迪斯后就侦察薛西斯一世的军队。但三人暴露了身份，经过将领们审讯后被判处死刑。看来，这三人是死定了。然而，薛西斯一世得知此事之后，对将领们的判决并不满意，于是便派了几名卫兵前去，命令卫兵若发现活着的间谍，就把间谍带到自己这里来。三个间谍那时还未被处死，于是就被带去见薛西斯一世。薛西斯一世向三个间谍探问他们前来的目的，随后命令卫兵带间谍参观军队，把包括骑兵和步兵在内的全部兵力都给间谍看。他们看罢，薛西斯一世又毫发无损地将他们放走，任他们去任何地方。

薛西斯一世这样做是出于如下考虑：如果把这些间谍处死，那么希腊人就难以事先知道自己庞大到难以尽述的兵力，并且杀死三个敌人，也不能使对方蒙受巨大损失。与此相反，如果把他们放回希腊，希腊人听到他的兵力情况，很有可能不用他出征，希腊人就会主动放

---

① 锡拉库萨的僭主。——原注

弃自己的自由。这样一来波斯人就不再需要费事征讨他们了。薛西斯一世在其他场合，也发表过类似的见解。在阿比多斯时，薛西斯一世曾看到载运谷物的船从本都驶出，穿过赫勒斯滂，向埃伊纳岛和伯罗奔尼撒驶去。坐在一旁的人们看出这是敌人的船，便打算一举夺取。他们望着薛西斯一世，等待薛西斯一世发号施令。但薛西斯一世问他们这些船是到哪里去的。他们回答道："这些船是运谷物到敌人那里去的。"于是，薛西斯一世回答道："我们不是和它们一样，也带着谷物和其他必需品到同样的地方去吗？既然它们是替我们把食粮运到那里，这又有什么害处呢？"

间谍看完萨迪斯的一切后就被释放了。他们回到了希腊。希腊人中那些缔结盟约以对抗波斯的人，在派出间谍后，又派使者到阿尔戈斯。阿尔戈斯人则将与自己有关的事情叙述了一下：他们从一开始就听说异邦人在准备征讨希腊人。他们知道这件事并且得知希腊人想要取得他们的帮助以共同对抗波斯后，便派使者前往德尔斐，向神请示他们最好的出路是什么。不久之前，他们有六千人被拉栖第梦人和阿那萨德里德二世的儿子克莱奥梅尼一世杀害了。这就是他们要向神询问的原因。皮提亚的女祭司是这样回答他们的询问的：

"被周围的邻人憎恨，却为不死之神喜爱的人们啊。怀里抱着长枪，做好一切防备坐在那里，好好保护你们的脑袋。这样，脑袋就可以保卫你们的身体了。"

皮提亚的女祭司给出了这样的答复。随后，希腊的使者来到阿尔戈斯，来到元老院并说出需要他们传达的信息。他们得到了这样的回答：阿尔戈斯人如果能够和拉栖第梦人缔结为期三十年的和平条约并取得盟军一半的统率权，就愿意答应这个请求。阿尔戈斯人还说，尽管他们有正当的权利要求全部的统率权，但给他们一半他们便满足了。

虽然神谕禁止他们和希腊人结成同盟，但他们的元老院仍做了这样的回答，并且阿尔戈斯人虽然害怕这个神谕，但仍然希望能缔结为期三十年的和平条约。这样一来，阿尔戈斯人的孩子就可以在一段和平的岁月中长大成人。从他们本身的利害推论，如果没有这个和平条约，在已经遭受六千人被杀害的灾难之后，他们再受挫于波斯人，那可能永世都要成为拉栖第梦人的奴隶了。于是，从斯巴达来的使者这样回复元老院的请求：关于缔结和平条约的事情需要提交他们的公民大会去裁决，至于统率权，他们奉命做出这样的回答——拉栖第梦人有两个国王，而阿尔戈斯人只有一个国王，虽然不可能剥夺任何一个斯巴达国王的统率权，但要保证阿尔戈斯国王同每个斯巴达国王拥有同样的投票权。阿尔戈斯人说，如果是这样，他们便不愿意忍受拉栖第梦人的贪婪自私了，宁愿受治于异邦人也不愿意向拉栖第梦人屈服。于是，阿尔戈斯人命令斯巴达使者在日落之前离开阿尔戈斯的国土，否则将会把他们当作敌人处置。

以上就是关于阿尔戈斯的部分。此外，联盟派使者到西西里去跟革隆谈判。其中就有斯巴达派出的叙阿格罗斯。使者们来到革隆面前，对革隆说："拉栖第梦人和他们的盟友派我们前来取得你的帮助以抗击异邦人。我们想你一定已经知道波斯人正计划进攻希腊，知道薛西斯一世打算在赫勒斯滂上架桥并把东方所有的兵力从亚细亚带过来对付我们。薛西斯一世表面上说向雅典进攻，但实际上是想征服整个希腊。不过，你是强大的，你统治着西西里，在希腊有一定的地位。因此，我们请求你，来帮助那些想使希腊获得自由的人，同他们携起手来共同维护这一自由。如果把所有希腊人都团结在一起，那将形成一个庞大的整体，我们就可以抗击侵略我们的人。但如果我们当中有人投靠了敌人，又有人不愿伸出援助之手，那么希腊人中可靠的部分便不过是少数，整个希腊就会有完全覆灭的危险。如果波斯人打败了我们，你不要幻想他们会不向你发起进攻。这一点你一定要提前考虑到。你帮助了我们，也就是帮助了你自己。一个周密的计划通常是会产生好的结果的。"

使者们说罢，革隆非常激动地回答道："自私的希腊人，你们竟敢到我这里来，要我加入你们的联盟一起抗击异邦人。但你们曾经是怎么做的呢？当我和迦太基人不和，请求你们与我一起对付异邦的时候[①]，当我要求你们为阿那萨德里德的儿子多里欧司之死向爱吉斯泰人报仇的时候，还有当我答应协助解放那些会给你们带来巨大的利益和收获的商埠的时候，你们既没有帮助我，也没有替多里欧司报仇。正是由于你们的所作所为，所有这些地方才都陷于异邦人的铁蹄之下。尽管如此，我的国家却比从前更加昌盛了。现在战争要降临到你们的头上了，你们才想起了我革隆。但尽管你们这样蔑视我，我却不会这样对待你们。我会助你们一臂之力，我会为你们提供两百艘三列桨战船、两万重装步兵、两千重装骑兵、两千弓手、两千弩兵及两千轻装骑兵。此外，我还会负担希腊所有军队的粮食，直到战争结束。不过，你们需要答应我一个条件，那就是我要担任希腊所有军队的统帅和司令官。否则，我自己不去，也不会派别的人去。"

叙阿格罗斯听到这话后，再也忍耐不住，回答道："如果珀罗普斯的儿子阿伽门农知道，拉栖第梦人的统率权被革隆和锡拉库萨人夺去，定会悲痛不已。这种要我们把统率权交到你手里的建议，不要再提了。如果你愿意帮助希腊，就一定要接受拉栖第梦人的领导。但如果你不愿被领导，那就不必帮助我们了。"

[①] 创作此文的历史学家将时间顺序混淆了。迦太基人的入侵发生在之后的一年，即公元前480年。——原注

听完叙阿格罗斯这番很不礼貌的话后，革隆就向他提出了最后的建议："来自斯巴达的陌生人，对一个人讲桀骜不逊的话常常会激起他的愤怒。虽然你侮辱了我，但这还不至于使我说出不得体的话。既然你们这样计较统率权的问题，那么我应该比你们更加计较才对，毕竟我的军队规模是你们的好几倍。不过，既然你们实在无法接受我的建议，那么我愿意在之前的基础上做一点让步，那就是让你们统率陆军，我来统率海军，或者如果你们喜欢统率海军，那我也愿意率率陆军。你们如果不两者选其一，就得不到我的帮助。"

革隆提出这个建议后，雅典人的使者抢在拉栖第梦人发言前回答道："锡拉库萨人的国王啊，希腊把我们派到这里来是想要一支军队，而不是一位统帅。但你说除非你担任希腊的统帅，否则不愿派遣军队。这足以见得你对统率权是十分渴望的。不过，当你说你要希腊所有军队的统率权时，我们雅典人可以保持安静，因为我们知道，拉栖第梦人会替雅典和拉栖第梦两方说话。现在你放弃统率陆军，想统率海军，那我们就必须站出来了。即使拉栖第梦人同意你统率海军，我们也不会同意。如果拉栖第梦人不想要统率权，那统率权也应该属于我们。如果拉栖第梦人愿意统率海军，我们并不会反对，但我们决不容许我们以外的其他任何人担任海军统帅。我们如果把统率权让给锡拉库萨人，那就枉为拥有最强大海上力量的希腊人了。在整个希腊，雅典人是最古老的民族,又是唯一一个从来没有改变过居住地的民族。诗人荷马说过,在所有来到伊利昂的人中,最擅长整顿军队和排兵布阵的就是雅典人。因此,我们这么说,也是情有可原的。"

对此,革隆回答道:"来自雅典的陌生人,如此看来,你们似乎不缺少担任统帅的人,但缺少被统率的人。既然你们不肯让步并且执意要统率全军,那么现在就一刻也不要耽误地快快回家,告诉希腊人他们的春天已经不复存在了。"①革隆这番话的意思是,革隆的军队是全希腊最精锐的军队,就好比春天是一年中最好的季节。希腊如果失去了他的帮助,就好比失去了一年中的春天。

——希罗多德《历史》

---

① 上述对话虽然是虚构的,但真实地反映了希腊精神。——原注

第2章

总体政治状况

(公元前479年到公元前404年)

General Political Conditions

(479—404 B.C.)

●纯粹民主的建立

克利斯第尼的改革强调了宪法中惠及大众的一面。尽管依旧保留着十分保守的一面,但从那时开始,雅典的政体可以被称为"民主政体"。保守的方面包括:一是人们普遍生活在乡村,所以无法持续参与公共事务;二是公共服务不收费,从而使穷人不能担任官职。阿里斯提得斯规定付费享受公共服务。这使城市内的人口更加集中,从而建立起纯粹民主。

后来①,居民获得了信心,钱财也积累了很多,阿里斯提得斯就劝告人民,要抓住领导权②,从乡村搬到城市居住③。阿里斯提得斯向人们保证大家都会有饭吃,有的

---

① 公元前480年萨拉米斯战役之后。——原注
② 提洛同盟的领导权。——原注
③ 在阿里斯提得斯的有生之年,人口集中化才开始慢慢显现。伯罗奔尼撒战争爆发的时候,大多数雅典人依旧生活在乡村。显然,本章中亚里士多德描述的是阿里斯提得斯的政策带来的结果,而不是最初的阶段。——原注

人服兵役,有的人驻守要塞,有的人可以从政。①这样一来,人民就可以确保领导地位不动摇②。人们采用了这种政策,并掌握了至高无上的权力,于是对同盟国开始蛮横起来。只有希俄斯岛、列斯堡和萨摩斯除外,因为人们把这些城邦当作自己的守卫,允许这些城邦保留自己的法律并统治当时已归它们的属地。按照阿里斯提得斯的要求,人们有了充足的粮食供应,因为上贡所得和税收足以维持两万多人的生活。

雅典一共有陪审官六千人,弓箭手一千六百人,骑士一千二百人,议事会议员五百人,造船厂守卫五百人,还有卫兵五十人,国内官员七百人,国外官员七百人③。后来,伯罗奔尼撒战争爆发时,雅典有重装步兵两千五百人,护卫舰二十艘和其他用以装载守卫的船④。守卫的人选是抽签产生的,共计两千人。此外,城市公共会堂、孤儿和囚犯,都靠公共基金来供养。

——亚里士多德《雅典政制》

---

① 显然,阿里斯提得斯的政策是要让从军和从政都能挣钱。——原注
② 在这里我们可以看出民主发展与专制主义的发展是紧密相关的。——原注
③ 我们有理由怀疑这个数字只是对之前数字重复的误写。实际上应该是更小的数字,或者中间遗失了几句话。——原注
④ 这些船的任务是将士兵运送到需要的地方。——原注

●一位老陪审员疯狂地热爱自己的工作

一位老陪审员将全部精力投入日常工作,甚至有失掉心智的危险。老陪审员的儿子试图将老陪审员困在家中,以治愈老陪审员的怪病。下面的话出自他们家中的奴仆山提奥斯之口。

让我告诉你主人得了什么病,他热爱法庭,无人能及。他沉迷于审判,只有坐在法庭的长椅上才能停止哭泣。到了晚上,他吃不下饭,睡不着觉。如果一不小心打了个盹儿,梦里也都是法庭的沙漏①。他早已习惯了将判决票拿在手中,醒来时三根手指还合在一起②,就像在月初焚香献祭一样。如果看到大门上写着"皮里兰珀斯的儿子得摩斯真俊俏"③,他就会在旁边写上"投票箱真俊俏"。公鸡在清晨时打鸣,他便说公鸡受到了那些被调查的官吏的贿赂,因为把他叫醒得太晚了。晚饭刚吃完,他就叫喊着找鞋,然后天不亮就赶到法庭,在法庭打个盹儿,仿佛一只帽贝粘在柱子上。他总是怒气冲冲

---

① 沙漏用来计算发言人说话的时间,也是法庭最重要的特征之一。——原注
② 就如同他拿着判决票,准备投出的样子。——原注
③ 恋人们经常把他们所爱之人的名字刻在大门或墙上。皮里兰珀斯的儿子得摩斯是人尽皆知的美少年。——原注

地给每个罪人都画上一条长线①,指甲缝内沾满了蜡,像一只蜜蜂一样回到家里去。

他担心自己的票不够用,于是私藏了许多贝壳以备判决时使用。他就是疯狂到了这种地步,你越是责怪他,他越要去审判。我们将门封堵,看住他,以免他跑出去。他的儿子无法忍受父亲的这种疯病,起初好言相劝,试图说服父亲不要穿上斗篷或走出门外,但无济于事。后来又为他举行了科里班特祭祀②仪式,老陪审员却把铜鼓抢走,然后径直跑去新法庭参加审判。这些措施失败之后,我们穿越海峡,将老陪审员送到埃伊纳岛,让老陪审员在医药神阿斯克勒庇俄斯神殿中睡觉。但天还没亮老陪审员就已经站在法庭的栅栏前了。在那之后,我们再也不让他出来了。但老陪审员躲在管道和水沟中,想要逃跑。于是,我们将每个缝隙都用破布堵得严严实实。他却在墙上钉上木钉,像乌鸦一样爬上房顶,然后跳下来。最后,我们不得不用网罩住整个房子,将他困在里面。老陪审员叫菲洛克勒翁,他的儿子叫布得克勒翁③,是一个趾高气昂、矫揉造作的人。

---

① 法律规定很多案件可以由起诉人提出惩罚措施,然后由被告人提出一个比它轻的惩罚,陪审员则会在两种惩罚中进行选择。在蜡板上画短线意味着选择更轻的惩罚,在蜡板上画长线意味着更重的惩罚。老陪审员总是会选择画长线,从而在指甲缝内留下很多蜡。——原注
② 科里班特是女神西布莉的祭司,通过狂歌狂舞来进行祭祀。——原注
③ 克勒翁是著名的煽动政治家,菲洛克勒翁的意思是"喜爱克勒翁",布得克勒翁的意思是"憎恶克勒翁"——原注

——阿里斯托芬《马蜂》

在门外，老陪审员的儿子布得克勒翁和另一个奴隶索西阿斯守着。他们很担心其他陪审员从乡村蜂拥而至，经过房子时，会想办法解救被囚禁的伙伴。夜晚，这些老年人艰难地在泥泞不平的道路上跋涉，他们的儿子提着灯笼相伴左右。这是当时雅典生活的一个显著特征。值得注意的是，这些陪审员都是老年人，也都居住在遥远的乡下。

布得克勒翁：用不了多久，他的陪审员伙伴就要来叫他了。

索西阿斯：怎么可能，现在天还暗着呢。

布得克勒翁：今天他们可比往常晚太多了。通常他们一过午夜就会过来，手上提着灯笼，嘴里哼着古老的弗里尼库①的西顿曲，唤他出门。

索西阿斯：如果他们来了，我们就拿石头打他们。

布得克勒翁：打他们？亏你想得出来！你惹毛了这些老人，就好比捅了马蜂窝②。他们每个人的尾巴上都有一根致命的毒刺，用来蜇人。他们跳跃着，叫嚣着，如

---

① 弗里尼库是戏剧诗人，年龄略长于埃斯库罗斯。在弗里尼库的戏剧作品中，大部分是歌曲，仅有少量对白。他和埃斯库罗斯一样喜欢使用复合词。——原注

② 陪审员的合唱队打扮成了马蜂的模样，这也是这部喜剧名字的由来。——原注

同迸发的火花向你进攻。

索西阿斯：不用担心。尽管给我些石头好了，把最大的那个马蜂窝交给我。

老陪审员们：前进，向前进，我的伙伴们。别再拖沓了，科米阿斯，快步跟上。你真是大不如前了，你曾经像皮鞭子那般坚韧。瞧瞧现在，连卡瑞纳德斯都能轻易追上你。伙伴们，加快步伐，趁天还未亮。一定要用灯笼探照两旁的路，以防被某块石头绊倒。

儿子：父亲，当心稀泥！千万别踩上去了。

老陪审员们：从地上捡根树枝调整一下灯芯[1]，光线才更好。

儿子：不，父亲，我可以直接用手来。

老陪审员们：怎么能直接用手碰灯芯呢，没用的东西。橄榄油都快用完了。油这么贵却不得不买，你竟然丝毫不在乎。

儿子：你们再喋喋不休，我们发誓马上熄灯回家，你们自己摸黑前进吧。如果没了灯笼，你们会一脚踩进稀泥中，就像沼泽地中的鹬鸟一般。

老陪审员们：比你们大的人，我都知道怎么收拾他们。不过，我好像真的踩到了稀泥。四天之内，上天一

---

[1] 他们所拿的灯笼里装的是橄榄油，油上漂浮着一根灯芯。在希腊大城镇之外的地方，这种灯笼仍被人们使用着。——原注

定会下一场大雨。灯芯上长出的霉斑又多又厚①，所有人都知道，这是要下暴雨的征兆。对水果和生长缓慢的树木来说，一场及时雨简直太重要了。但究竟发生了什么？②为什么我们的朋友还没有出现，他今天怎么拖拖拉拉的？上天啊，他从来都不落后啊，他总是行进在我们的最前列，并且哼唱着弗里尼库的曲子。他是个爱唱歌的人。来吧，伙伴们，让我们站在房子的周围一起歌唱，将房子的主人呼唤出来。他听到我的歌声，过不了多久，便会喜极而泣，从屋子里跑出来。

老陪审员们：我们的朋友为什么还不出来迎接我们？难道他不幸弄丢了一只鞋？或者在黑暗中不小心踢坏了脚趾，现在走路一瘸一拐了？

以下父子间的对话表明当时小农窘迫的生活状况。他的田地遭到了敌人的破坏，只能靠陪审员的酬金来养活整个家庭。

儿子：父亲，如果我打算向你要个好东西，你会给我吗？

父亲：当然了，我的儿子。告诉我你想要什么。是羊骨骰子吗，儿子？我猜一定是羊骨骰子。

---

① 灯芯上长真菌是沉闷潮湿的天气导致的。现在的路况已经很差了，雨水过后肯定会更糟糕。但耕地和树木需要这场雨。——原注
② 他们停在路中间望向菲洛克勒翁的房子。——原注

儿子：羊骨骰子！当然不是了，父亲。我想要无花果，因为无花果更香甜。

父亲：就算你吊死在我面前，我也不会买给你的！

儿子：既然这样，你自求多福吧。我不会再给你带路了。

父亲：我这点微不足道的工资，买了柴火，买了面包，买了调料，已经所剩无几了。难道还要给你买无花果吗？

儿子：父亲，如果执政官宣布今天不开庭，告诉我，我们还有钱吃饭吗？我们是不是要走投无路了？

父亲：唉！唉！我真的不知道到哪里能找来一点饭吃。

儿子：妈妈，你为什么要生下我，然后又让我无饭可吃！这是多么不幸啊！

父亲：你真是不中用啊！

儿子：唉，我们真的应该痛哭流涕。

随着剧情的发展，父亲菲洛克勒翁提议列出陪审员一职令人羡慕的地方，而他的儿子布得克勒翁则将自己的观点记录了下来。

菲洛克勒翁：首先，我能证明我们的权力不在任何王权之下。这个世界上哪里有比陪审员更幸福、更使人畏惧、更令人愉悦的人呢？即便是年老的陪审员也好过其他人。早晨，我从床上起身，然后经过跋涉准时到达法庭。六英尺高的大块头在栏杆处焦急地等候着向法官问好。曾经将手伸向公款的人此刻却抓住了我的手，向我鞠躬，并用可怜的声音向我乞求道："先生，可怜可怜我吧，如果你也曾经在担任官职时没有把持住对金钱的渴望。"如果这个人曾经没有被无罪释放，他也不可能知道我的名字。

布得克勒翁：我会把第一点"恳求者的乞求"记录下来。

菲洛克勒翁：随着他们不断乞求，我的火气也就渐渐消了。我进入法庭，坐下，但我不会按照之前说的来做。我听着他们各种各样的哭喊，只为赢得我的同情。为了哄骗我们，他们什么样的话说不出？有的人哭诉他们生活贫苦，无依无靠，对真实的情况添油加醋，无论真假，一通乱说，直到把自己说得同我一样。有的人则给我们讲过去的传说，或者诙谐的伊索寓言，甚至讲笑话逗我们发笑，平息我们的怒气。如果这些还不奏效，他就会把自己的儿子女儿带上前来，我就不得不听了。孩子们抱在一起，发出让人怜悯的哼唧声。他们的父亲浑身颤抖着，像求神一样求我将他释放："你要是喜欢公羊咩咩叫，那就听听我儿子的哭声。如果你喜欢小猪叫，那就可怜可怜我柔弱的小女儿。"我们绷紧的愤怒慢慢松弛了。这难道不是大权在握，蔑视财富吗？

布得克勒翁：第二点"蔑视财富"。

菲洛克勒翁：还有一件最令人高兴的事，我差点忘了说，那就是钱包里揣上钱，回到家时，受到了热烈的欢迎。我最亲爱的女儿，她为我洗脚，给我擦油并弯着腰给了我一个吻。随着一声甜美的父亲，我的三个欧宝①就到了她的手里。还有我亲爱的老婆，她拿出一块又大又香的面包，坐在我的身旁，然后用充满爱意的声音请求我吃面包："求求你吃这块，求求你吃那块。"这真让我开心。我再也不用看你和管家的脸色，管家那家伙，每次我让他准备早饭，总是嘟嘟囔囔，抱怨不停。

●三种主要政体的比较

在伯利克里和希罗多德所处的时代，希腊人第一次对探讨各种政体的原则产生了兴趣。后来，这一讨论就演变成了政治学。以下片段是已知的最早探讨君主政体、寡头政体和民主政体的区别的片段。虽然希罗多德是通过某些波斯贵族之口表达的观点，但这些观点无疑都是希腊化的，而且在希罗多德生活的那个年代，此类讨论是十分新奇的。

五天过后，骚动渐渐平息下来，反叛者②集会讨论

---

① 当时希腊的银币。——译者注
② 他们便是上文提到的贵族。他们的阴谋是谋杀那个在冈比西斯去世后篡权的人。当时参与讨论的共有三个人，分别是欧塔涅斯、美加比佐斯和大流士大帝。——原注

现在的局势。他们发表了自己的意见。虽然很多希腊人不相信，但毫无疑问这些意见是发表了的。欧塔涅斯主张由全体公民管理公共事务。他说："我认为我们不再需要一个人来统治我们。这不是一件好事，也不令人愉快。你们都已经见识到冈比西斯傲慢自大到什么程度，你们都已经见识到玛戈①多么目中无人。当一个人可以为所欲为又不负责任时，君主政体怎么可能会是一件好事呢？就算是世界上最优秀的人拥有了这种特权，也会乱了心智。这种权力会让他骄傲，而忌妒也会自然而然地在他身体内发芽。骄傲与忌妒结合便是万恶之源，从而产生各种残酷的暴力行为。本来作为君主来说，既然可以随心所欲地得到一切东西，理应不会再忌妒任何人了，但他们对待公民时情况恰恰相反。他忌妒臣民中品德最优秀之人并盼着他们早死，却欢迎那些卑鄙小人，并且比任何人都更愿意听信谗言。此外，君主是天底下最难对付的人。如果你只是表达出适度的尊敬，他就会不高兴，说你对他的敬意远远不够；如果你毕恭毕敬，他又要骂你巧言令色。但最糟糕的是，他无视代代相传的法律，不加审判随意杀人，还强奸妇女。相反，人民统治的优点首先在于它有着最美好的声名，那就是在法律面前人人平等。其次，人民统治也避免了君主易犯的任何错误。一切职位都由抽签决定，地方法官也会对

---

① 米底人和波斯人主持祭祀和占梦的僧侣。——译者注

所做之事负责,而一切事务均交由人民裁决。因此,我赞成废除君主政体并赋予人民权力。人民才是头等重要的。"

以上便是欧塔涅斯的意见。美加比佐斯紧接着发表意见,他支持建立寡头政体。他说:"我同意欧塔涅斯说的废除君主政体的全部意见,但我不认为将权力赋予人民是最好的建议。因为没有什么比一群愚蠢的乌合之众更难对付了。把我们自己从暴君的野蛮的统治之下拯救出来,没想到换来的却是乌合之众的肆无忌惮。这简直是荒唐啊。一个君主,无论做什么事情,起码知道自己究竟要的是什么。但人民是盲目的,他们既没有学识,又难以分辨是非,他们怎么会知道自己做的是什么呢?他们如同泛滥的河水涌入公共事务,把一切都搅乱了。让我们的敌人拥有民主吧。而我们可以从公民中选拔出一批最优秀的人物,并把政权交到他们手中。这样,我们自己也可以成为管理者。况且最优秀的人掌握着权力,其做出的决定也都是最高明的。"

以上便是美加比佐斯的看法。美加比佐斯之后的大流士大帝是这样说的:"美加比佐斯反对民主政治的理由我是赞成的,但关于寡头政治,我想他并没有经过深思熟虑。我坚持认为,君主政体要比其他两种政体好得多。没有哪种统治能比一个最优秀之人统治更好了。他既然有十分优秀的决策能力,那么对民众的统治也一定能令大家满意。与此同时,为对付敌人而拟订的计划也可以藏得更严密。而在寡头政体中，为国家效力时可能会因想法不同而产生竞争，从而引发敌对情绪。大家都想要成为首领，让自己的想法得到采纳。由此产生激烈的争吵，然后引发派系冲突，最终导致流血事件，而流血事件必然带来君主政体。由此也可以看出，君主政体远远胜过其他政体。再者，民主政体必定会产生差错。这些差错不会让作恶的人们四分五裂，而会让他们更加团结，更加紧密地团结在一起继续他们的恶行。这种情况持续下去，直到某个人代表人民站出来，镇压坏人。于是，这个人便成了人民崇拜的对象，然后被任命为君主。这又一次证明了君主政体是最好的统治方法。最后，我想问，我们享受的自由是从哪里来的？是来自民主政体，还是寡头政体，或是君主政体？既然我们的自由是一个人带来的，那么我认为我们应该坚持一个人的统治。此外，我们也不应该改变我们父辈留下的优良法律，这么做也是不好的。"

——希罗多德《历史》

● **对雅典民主的批评**

从上文的选段中我们可以看到，人们对政体的原则开始慢慢产生了兴趣。政治思想进步的一条轨迹就是对现有制度的批判。《雅典的政体》这部作品就是一个很好的例子。《雅典的政体》通过色诺芬的作品得以流传下来，它早于色诺芬的任何作品。显然，《雅典的政体》创作于公元前425或公元前424年，正值伯罗奔尼撒战争时期。作者的姓名已不得而知，但可以肯定的是他是一个寡头政治者。通过作品我们可以判断作者正值壮年，是一个经历丰富、头脑敏锐的人，总是能够一针见血地指出民主政治的缺点。他的作品应该和伯利克里的《葬礼演说词》一起阅读，因为这两部作品能够相互平衡、彼此纠正。

阅读《雅典的政体》会让人产生排斥感，因为作者对待大众、奴隶和异邦人是狭隘的，没有同情心的，他在乎的只有自己所在阶级的利益。他是不会妥协的，他只接受由自己所在阶级统治全体人民。

《雅典的政体》是第一本已知的政治专著。对研究当时社会情况的人来说，此书包含的信息具有巨大的价值。作者对当时的经济情况尤其感兴趣。

对雅典人的政治及他们选择的政体，我并不赞同。因为他们的选择考虑的是低贱的普遍的利益，而不是更高阶层的利益。但鉴于这种政体大家是一致同意的，我只能说雅典人对这种政体维护得很好。

首先，我必须声明，只有贫困阶级和雅典公民才应该拥有比出身显赫之人更大的优势。因为是他们划着船，将整个城市环绕在权力之中。舵手、水手、船长、船头的瞭望员和造船工人——是这些人赋予了这座城市能量，而不是重装步兵和那些出身显赫之人。既然如此，各种官职必须面向所有人才能算得上公平，既要通过抽签，又要进行举手表决。①演说的权利也应该属于全体人员，不应受到任何限制。除此之外，有一些职位，在不同的人手中会对大众带来好处或坏处，这种职位的选拔通常大众不会参与。例如，在任命将军或军队指挥官的时候，普通人便不会选择参与抽签。他们知道放弃这些职位，将这些职位交到更有能力之人手中，其实也是对自己有利的。人民想要拥有的只是那些能够赚取薪水、支持家庭生活的职位。

其次，也是很多人都疑惑的，无论在哪里，穷人、普通人获得的关心都要多于那些出身高贵之人。其实，这没有什么好惊异的。这恰恰是保持民主政治的基石。正是这些穷人、普通人、底层人民的繁荣，再加上数量的增长，会对民主政治起到巩固作用。而如果财富转移到富有阶级和贵族阶级，则会形成与一股平民敌对的力量。事实上，整个社会都是与民主相背的。在上层阶级，不节制、不公正的现象更少，对卓越的追求也是十分谨慎。而在平民阶层，则充满了愚昧、骚动与恶行。②贫穷会让卑鄙的行为肆意滋生，更不必说无知。

有人也许会反对说，给予所有人参加会议并发表言论的权利是错误的做法。这些特权应该留给最有智慧

---

① 对没有通过抽签的人，通常会进行举手表决。法庭上则会采取投选票的方法。——原注
② 这一观点遭到苏格拉底的反驳。苏格拉底认为，穷人阶级甚至比骑士和士兵更加服从权威。——原注

的人。而最有智慧的人经过深思熟虑后还是会将这些权利赋予底层人民，因为如果只有上层人民有话语权，那么他们便只会考虑自己阶层的利益。而现在，任何一个底层人民都能够发掘属于自己和自己所属阶层的利益。也许有人会反驳说："像这样的人又能分辨出什么利益呢？"答案是，他们虽然无知卑微，但他们的判断加上善意，比上层阶级夹杂着恶意的优点和智慧不知道要好多少倍。以此建立起来的国家不一定是最好的国家。但这是维持民主最好的方法。我们需要牢记的是，人民并不要求城邦被管理得很好，因为这样一来，他们就沦为奴隶了。他们渴望的是自由，是成为主人。至于制度究竟是好是坏，他们并不关心。事实上，别人认为不好的制度可能正是广大人民的力量和自由所在。

此外，就是雅典的奴隶和外来人拥有很多特权，在街上迎面走来的奴隶是不会给你让路的，而殴打奴隶是犯法。我会向你们解释雅典为什么会有这个特殊的习俗。如果市民殴打奴隶、外来人或者被释放的奴隶是合法的，那么很有可能发生的是雅典公民会被误认为奴隶或外来人，然后遭到殴打。毕竟在穿着或外貌上，普通公民比奴隶或外来人也好不到哪里去。雅典的奴隶生活奢华，而允许奴隶生活奢华也是有相应的原因的。我们的海军力量依靠的就是财富，所以我们必须成为奴隶的奴隶，这样才能获得自己的奴隶佣金，而让真正的奴隶获得自由。正是由于这些原因，我们允许奴隶和自由人可以平等对话。对居住在雅典的异邦人和市民也是如此，因为城市需要这些异邦人来满足艺术多样性和海军的需求。这就是异邦人也能被平等对待的原因。

在雅典找不到在运动和音乐上花费时间的市民，不是因为他们认为在运动和音乐上花费时间不好，而是因为他们认识到自己没有能力在运动和音乐上花费时间。同样，在合唱队的指挥、竞技比赛的举行和三层桨战船的维修等问题上，市民知道训练合唱队的人是富人，而受众是人民。富人担任竞技监督官或三层桨战船的指挥官，而人民则从中获利。事实上，人们认为通过唱歌、跑步、跳舞、出海赚取钱财才是正确的。这样一来，他们既使自己变得富有，又使富人穷一些。在法庭上也是同样的道理，陪审员关心的不是公正，而是自己的利益。

关于同盟者，众所周知，雅典的使者会前往各处，诽谤中伤比他们优秀的人，因为统治者总是会受到被统治者的憎恨。在这些被统治的城邦中，如果富人和贵族强大起来，雅典人的城邦就没有什么存在意义了。这就是为什么统治者夺取比他们优秀的人的财产，把比他们优秀的人赶出家园并处以死刑，而下层的卑贱人民能够获得荣誉。另外，为什么雅典的贵族要保护同盟中的贵族呢？因为贵族们认识到，保护上层人士对他们自己的阶级有益。也有人会说，说到能力与实力，雅典真正的力量源于同盟者提供的赋税。但对雅典人来说，让每个雅典人能够拥有同盟者的财富，同时让同盟者只能维持生活，忙于生计，从而没有能力计划反叛事宜，对雅典更有利。①

雅典强迫同盟者远航来到雅典诉讼，似乎是一个错误的决定。然而，雅典人其实可以从中列举出许多好处。第一，雅典人从法庭费用中取得了稳定的工资收入。第二，雅典人坐在家中，不必支付远航费用就可以管理同盟事务。第三，雅典人在法庭上保护了平民，摧毁了平民的反对者。如果让同盟者在自己国家诉讼，出于对雅典人的敌意，他们会杀害那些对雅典平民特别友好的人。除此之外，让同盟者在雅典诉讼还有如下好处：首先，比雷埃夫斯港百分之一的税收对城邦有益；其次，同盟者住在雅典时，拥有房屋、家畜或奴隶的人也有收获，并且传令官及传唤者也得到了好处。此外，在诉讼时，同盟者如果没有来到雅典，就只对那些航海的雅典人表示尊敬，即将军、战船船长和使者。而现在，每一个同盟者都被迫对雅典民众阿谀奉承，因为他们知道，在雅典，他们诉讼的成败取决于担任陪审员的平民，而不是法官。这就是雅典的法律和习俗。同盟者被迫在法庭上哀求。陪审员走进法庭时，同盟者就要过去拉住他的手。这样一来，同盟者越来越沦落为雅典民众的奴隶。

——作者不详《雅典的政体》

---

① 这个说法是错误的。雅典领导下的盟邦的富裕程度和繁荣程度都得到了提升。——原注

●第一部理想的宪法

以下两个选段代表了对当时的政体批评、比较的开端。同一时间开始的另一种政治研究就是创造理想的宪法。第一部理想的宪法来自米利都的希波丹姆。米利都的希波丹姆与伯利克里是同时代的人。作为一个土木工程师,米利都的希波丹姆规划建设比雷埃夫斯和图里。

米利都人尤里本的儿子米利都的希波丹姆是城市规划的发明者,也是比雷埃夫斯的建设者。米利都的希波丹姆是一位奇怪的人。他爱好奇特,行为古怪,导致有人认为他矫揉造作。他长发披肩,身着各种华丽装饰,但不分冬夏穿着同一件廉价而温暖的长袍。除立志掌握各种自然知识之外,他还是第一位以非政治家的身份探究最佳政体形式的人。

米利都的希波丹姆设计的城市共有一万名市民。这些市民分为三类:第一类是工匠,第二类是农民,第三类是守卫国家的士兵。米利都的希波丹姆同时将土地分为三类,一类供祭祀使用,一类归公共所有,一类归私人所有。第一类土地被划分出来维持敬神的习俗,第二类用作军需,第三类则属于农民的财产。他还将法律分为三个层次,因为他认为诉讼案件只有三类,那就是侮辱、伤害和杀人。他还设置了一个上诉的终审法庭,一切看似判决不合理的案件都可以在此得到受理。

终审法庭由特别选出的元老组成。他还认为，法庭的判决不能由投石确定，而应当给每位审判员一块书写板，认为有罪便写上定罪理由，认为无罪便空着书写板。但如果某人部分无罪部分有罪，就要分别写清楚。他反对现有的法律，认为审判官无论以什么方式投票表决，都犯有伪誓罪。他还立法规定无论是谁发现了有利于城邦的东西，都应获得奖励。他规定，在战斗中阵亡的人，其子女应当由国家出钱抚养。他似乎以前从未听说过这一法规，但事实上雅典和其他一些地方已经有了这样的法规。

至于各地方行政官，米利都的希波丹姆提出应由人民选举产生，也就是由上述三类人选举产生，而通过选举担任各种官职的人则要照顾到大众、异邦人及孤儿的利益。这就是米利都的希波丹姆的政体中最重要的要素，其他没有什么特别的。

上述提议首先可能受到质疑的是市民的分类方法。工匠、农民和士兵都有权从政。但农民没有武器，而工匠既无武器又无土地。因此，他们只能沦为武士的奴隶。想要他们分享所有的官职也是完全不可能的，因为将军、士兵和几乎所有重要的行政官员都必须从有武器的人中选拔。如果其他两类人不能参与政事，那他们又如何成为忠心的市民呢？也许有人会说，持有武器的人必然会成为其他两个阶级的主人。但除非武士数量庞大，否则想要成为统治者并不会轻而易举。如果武士数量众多，那么其他人为什么还有权参与政事或任命官员呢？工匠必须有权参与政事或任命官员，因为任何城市都少不了工匠。无论在哪里，工匠都可以凭手艺吃饭。如果农民真的能够为武士提供食物，那么农民也有充足的理由参与政事。但在米利都的希波丹姆的国家中，农民拥有属于自己的土地，种地所得也归农民自己所有。此外，武士维持生计的场所是公共土地，如果武士自己耕种，那和农民又有什么区别呢？而立法者的本意是将两者区别开来。如果还有其他耕种者，他们既不同于自己拥有土地的农民，也不同于武士。他们就成了第四类人，在这个国家中既没有地位又不能和其他人一起分享权利。如果同一批人既耕种自己的土地，又耕种公共土地，那么他们要提供维持两类人生计的产品就会十分困难。既然如此，为什么还要进行区分呢？反正他们可以从同一土地中既为自己谋取到食物，又为武士提供食物。这一观点的确使人困惑。

这种法律不令人满意。它规定，当一个简单的案件摆在审判官面前时，审判官应当将他们做出的判决进行区分。这样一来，审判官就变成了仲裁人。在进行仲裁时，仲裁人数量众多，他们就可以相互协商做出决定。但在法庭上这是不可能的。事实上，大多数立法者都在防止审判官交流上费尽了心思。如果审判官认为被告应当赔偿原告损失，但没有原告要求的那么多，这难道就不会引起争论吗？比如，原告要求赔偿二十个迈纳，但审判官认为只能给原告十个，或者有的审判官认为只能给原告五个，有的认为只能给原告四个。这样审判官就会为究竟赔偿多少而争论不休，有的人会同意全额赔偿，而有些人则主张无须赔偿，那么最后将如何定夺呢？如果提出的控告简单且程序正确，那么投票选择有罪判决或无罪释放的审判官也不会被迫说明自己发了伪誓。因为判定无罪的审判官并没有说被告一文不赔，只是认为被告不应该赔付二十个迈纳。只有一方面认为被告不应赔付二十个迈纳，另一方面又判定被告有罪的审判官才犯了伪誓罪。

至于要奖励那些发现有利于城邦的东西的人，这个建议其实徒有其表，通过法律是无法稳妥实施的。这么做可能会鼓励改革者，甚至可能引起政治骚乱。同时，还存在另外一个问题。人们一直都无法判断，修改一个国家现存的法律究竟是好是坏，尽管新的法律更好。如果所有改革都无益处，那我们就很难赞同米利都的希波丹姆的建议。因为人们有可能假借行使公务来推行一些对法律和政体有破坏作用的措施。既然我们已经谈到了这个话题，不妨说得更加深入一些。正如我说的，人们对此观点不一，有时改革似乎是有必要的。例如，在医疗、竞技及其他技术和科学领域，与传统相比已经有所变化的时候，改革的确是有益处的。如果政治也是一门技术，那么必然和其他技术一样需要革新。旧的习俗过于简单粗暴，改进是必需的。古时，希腊人出门便会随身携带武器，并且会相互购买妻子。一些流传至今的古代法规是荒谬可笑的。例如，在库麦有一条关于谋杀的法规，大意是如果原告能够让自己的亲戚提出某些证据，那么被告就会被判有罪。

——亚里士多德《政治学》

● **雅典人的品性及理想**

带领统治的城邦走向人类文明史巅峰的伯利克里，表达了他对自己所处时代最崇高的愿景。伯利克里总能清晰直观地诠释民众的品性和理想。这一点毋庸置疑。他为伯罗奔尼撒战争第一年丧生的士兵发表了《葬礼演说词》，正如修昔底德说的，演说的核心观点是政治家式的，但整体风格是历史学家的风格。修昔底德将这篇演说词加在了对战争的叙述之后，这无疑使公元前404年雅典的战败蒙上了一层忧郁的色彩。

以前，在此地发表葬礼演说的大多数人都赞颂那位把葬礼演说作为公葬典礼的一个组成部分的立法者。在他们看来，在阵亡将士的葬礼上给予将士们这项荣誉是很有价值的。而我认为，将士在行动中展示出的价值，也应通过行动给予荣誉上的充分奖赏，比如，这次国葬之礼，正如你们见到的一样。我希望许多勇敢之人的声誉不要因别人是否拥有雄辩的口才而受到损害，他们的美德也不要以人们说的是好是坏来作为评判标准。想要说得恰到好处是很难的,即便做到了适度,也不一定就会给人们真实可信的感受。一方面,对熟悉死者事迹的朋友来说,很有可能认为这个发言不足以展现出死者的所有事迹,从而感到失望;另一方面,对那些不熟悉死者的人来说,当他们听到自己能力所不及的功绩时,则会燃起忌妒之心,从而怀疑演讲者夸大其词。颂扬他人,只有在一定的界限内才能使人容忍。这个界限就是人们相信在列举的事迹中,他们自己也是可以做到的,一旦超出这个界限,人们就会产生忌妒和怀疑。但既然我们的祖先已经同意实行这一惯例,我就必须遵守,并且尽我所能来满足所有人的期望和要求。

我首先要说说我们的祖先,在现在这种场合,当我们为逝者哀悼时,先向祖先致敬是正确且适当的。他们世世代代生活在这片土地上,因为他们的英勇无畏,这片土地得以代代相传,直到现在仍是自由的。如果说我们的祖先是值得歌颂的,那么我们的父辈们就更应该受到赞扬了。他们通过一次又一次艰苦斗争,终于将这个伟大的城邦,传到了他们孩子,也就是我们的手上。今天在这里集合的人,绝大多数正当盛年,我们不断做着完善的工作,从各个方面充实我们的城邦。因此,无论在战争时期还是和平时期,我们的城邦都能够很好地维持运作。①关于我们用以取得现有势力的军事成就，关于我们或我们的父辈英勇击退希腊或希腊以外敌人入侵的事迹，我不再赘述了，这些故事太长，想必你们也十分熟悉了。但在我赞颂死者之前，我想要告诉你们，我们之所以拥有现今的势力靠的是怎样的行为准则，我们的城邦之所以如此强大是在怎样一种政体下、通过什么样的生活方式实现的。我认为这对今天的场合是适宜的，对全体与会人员——无论是公民还是非公民——都是有益的。

我们的政体与其他城邦没有敌对关系，我们没有模仿我们的邻居，相反，我们的宪法成为其他城邦学习的范例。我们的制度被称为"民主制"，是因为城邦是由大多数人而不是极少数人管理的。在解决私人争端的时候，法律为所有人都提供了公平正义。与此同时，法律要求人们变得更加优秀。一个在任何方面都突出的人，更可能担任公职。这不是一种特权，而是对美德的奖励。即便是贫穷也不会成为这个人担任公职的阻碍，只要他对城邦有贡献，就绝对不会因惨淡的境况而默默无闻。在公共生活中，我们享有自由，我们的日常交往也是如此。人们不会相互猜疑。当邻居为所欲为时，我们不会生气，也不会给他们难看的脸色，尽管这不会对他

---

① 因为当时商业活动的不安全性，每个城邦与外部世界的联系也有遭遇危险的可能，所以政治家的基本政策就是要确保城邦尽可能自给自足。——原注

们造成实际的伤害。在私人交往上,虽然我们是不受约束的,但我们的公共行为充满敬畏感。对权威和法律的尊重使我们不会从事错误之事。我们尤其遵守那些保护受害者的法律,以及那些不成文的法规。违反它们就会成为大众谴责的对象。

此外,我们没有忘记我们劳累的灵魂休息和放松。我们会在每年定期举办各种竞技比赛和祭祀活动。我们的家庭生活是精致的,我们每天从中感受到的愉悦消除了心中的郁闷。我们的城邦如此伟大,全世界的果蔬产品都运送到这里。我们可以自由地享受来自其他地方的产品,仿佛这些产品都产自本地。

我们的军事训练在许多方面强于我们的敌人。我们的城市对全世界开放,我们从未驱逐过一个外人[1],或者阻止外人探访或观察我们,尽管他可能得知某些对他有好处的秘密。我们依赖的不是管理和诡计,而是我们的精神,我们的双手。在教育上,别人在孩子幼小时便通过各种残酷的训练来培养他们的英勇气概。而在雅典,我们的生活自由自在,但我们同别人一样时刻准备着面对各种危险。以下事件便是很好的证明:拉栖第梦人入侵阿提卡时,不是独自前来,而是带着他们的同盟者;我们雅典人在向邻邦领土进攻的时候,完全依靠自己的力量。虽然我们在异乡作战,我们的对手为了保卫自己

---

[1] 伯利克里说的外人,尤其指拉栖第梦人。——原注

的家乡奋勇拼搏，但我们还是常常击败他们。我们的敌人从未遭遇过我们全部兵力，对海军的关注转移了我们的部分注意力，但我们不得不派遣公民在陆地上去完成许多任务。因此，敌人与我们的部分军队交战后，他们如果获胜了，就骄傲地吹嘘他们打败了我们全军；如果他们战败了，也会装作是被我们全军打败的。

我们更愿意以轻松的心情而不是以艰苦的训练来应对危险。我们的勇气是从风俗习惯中自然产生的，而不是法律强制使然，难道我们不是最大的受益者吗？我们从未花费时间训练自己忍受尚未到来的痛苦。尽管如此，真的遇到痛苦时，我们会和那些永远不让自己停歇的人一样表现得勇敢无畏。因此，无论是在战时还是在和平时期，我们的城邦都值得赞颂。

我们热爱美丽的事物，同时保持着简约的品位，我们在培养品性的同时不会剥夺刚毅的气概。我们的财富只会用在真正需要的地方，而不是用来吹嘘卖弄。承认自己的贫穷并不是一件耻辱的事情，真正的耻辱是不与贫穷做斗争。雅典的公民不会因照顾自己的家庭而忽视了国家事务，即便是最繁忙的人也会对国家政治做出正确的评判。一个不关心公共事务的人，对我们来说不是一个无害之人，而是一个无用之人，这一点和其他任何民族都不一样。我们雅典人即使不是倡议者，也是很好的决断者。在我们看来，行动最大的绊脚石不是讨论，而是把讨论看作任何聪明行动必不可少的首要前提。我们在任何行动之前或在行动时，都能够深思熟虑。而其他人的勇敢，源于他们的无知，但他们还不愿意反思。真正勇敢的人无疑应该是那些对人生的痛苦和幸福都有着深刻的理解，在危难面前从不退缩的人。我们的慷慨大方同样是别人所不能及的。我们结交朋友旨在给予他人好处，而不是从他人那里获利。当然，给予好处之人才是更可靠的朋友，他们持续表示友善，以使受惠者永远保持感激之情。但在感情上，受惠者就缺乏同样的热忱，因为受惠者知道报答别人并不会让他人心存感激，而只是在偿还"债务"罢了。只有雅典人，在施惠于邻国时从不计较利益得失，而是出于一种坦诚无畏的信念。

总而言之，我认为雅典是全希腊的"学校"。在个人生活的许多方面，每一个雅典人都能以他们的多才多艺和优雅来适应各种各样的变化。这不是说完就过的空话，而是实实在在的事实。我们的城邦能达到今天的高度都是依靠这些优秀的品质。在遇到考验的时候，在所有国家中，只有雅典被证明是比它的名声更伟大的。只有对雅典，入侵的敌人不以战败为耻辱，也不会有臣民抱怨统治者没有能耐。我们的功绩有目共睹，我们的丰功伟业是不朽的。不但现在，后世也将对我们赞叹不已。我们绝不需要一个荷马为我们唱赞歌，也不需要任何人的歌颂，因为他们的歌颂只能使我们暂时陶醉，而他们对事实的表述不足以反映事情的真相。我们勇敢无畏地攻入每一片海洋、每一块陆地。我们在各地造成的不幸或布施的恩德，都为后世留下了不朽的纪念。这就是雅典。人们为它而战，奋勇斗争，因为他们无法想象有一天雅典从他们手中被夺走。而我们活着的每个人，都应为雅典继续奋斗下去。

我一直在强调雅典的伟大，这是因为我要向你们说明，我们的奋斗目标比其他不具备特权的人追求的目标更远大，并且通过事实来证明这些阵亡将士的功绩。对他们最崇高的赞颂，我已经说完了。我在颂扬雅典的同时，其实也是在颂扬他们，以及那些依靠自己的力量使我们的城邦强盛的人。他们的功绩无愧于他们的声望，又有几个希腊人能够做到像他们一样？在我看来，像他们这样的牺牲是衡量一个人价值的试金石。这可能是人的品德的初次表现，也一定是最后的证明。即便他们在其他方面有所不足，但他们为祖国而战的坚定信念也能够抵消这些不足。他们用自己的优点弥补了缺点。他们作为一名公民对国家的贡献超过了他们某些个人行为对国家造成的伤害。在这些人中间，富人没有因想要享受财富而变成懦夫，穷人没有逃避危难，以便将来能够获得财富。他们需要的不是个人的幸福，而是向他们的敌人复仇。在他们看来，没有比惩罚敌人更快乐的事情了，也没有比这更崇高的事业了，所以他们决定冒着生命危险参加对敌复仇，放弃了其他一切。他们将自己幸福的机会托付给了希望，但面对死亡，他们又决心依靠自己。最终的时刻到来时,他们宁愿在抵抗中阵亡,也不愿意逃跑保命。他们在危难面前坚守阵地,耻辱这个词与他们再无关系。刹那间,在他们命运的顶点,他们离开我们与世长眠。这不是恐惧的顶点,而是他们光荣的顶点。

　　这些人的生命就此终结,他们无愧于雅典。活下来的人们不必渴望拥有更英勇的精神,但可以乞求得到一个比较幸运的结局。这种精神蕴含的价值是无法单单用文字表述出来的。任何人都能对这种英勇防御的优点滔滔不绝。与其听他们的演讲,我更希望你们能够时刻关注雅典的伟大,直到你对雅典充满热爱。当你们认识到雅典的伟大之处,你们必然会想到,这个国家能拥有现在的一切是因为有些人知道自己的责任所在,并且有勇气付诸行动。在战斗时,他们时刻警惕着不让国家蒙羞,即便是失败了,他们非但不会放弃对美德的追求,反倒会把最光荣的东西——生命——奉献给祖国。他们做出的牺牲得到了回报,他们每个人都获得了永世常存的声誉,以及最神圣的安葬。我说的不是安葬他们遗骸的坟墓,而是存放着他们荣誉的最崇高的圣地。它将永远留在人们心中,人们一有机会就将在这里缅怀他们的丰功伟绩。对英雄来说,整个大地都是他们的坟墓。在自己的家乡,他们的功绩被铭刻在记功柱和碑文上;在异国他乡,他们的事迹以不成文的文本被铭记在人们心中。这些人应当成为你们的榜样,勇气会带来自由,而自由会带来幸福，不要在战争的危险面前退缩。那些对未来毫无期待的人才是真正可悲的，他们不愿意拿生命冒险，即便他们保全了性命，但说不定会带来更糟的结果，对他们来说，任何意外的失败都将是致命的改变。对一个有气节的人来说，因懦弱而造成的堕落，比在满腔勇气和充满希望之时死于沙场不知要悲惨多少倍！

我更想安慰今天站在这里的死者的父母们，而不是仅仅表达对他们的同情。你们知道，人生的旅程充斥着数不胜数的变化与曲折。无论是他们的光荣阵亡，还是你们值得尊敬的哀痛，都是至高无上的荣耀。这是他们的幸运。对他们而言，生命之旅和幸福之旅同步。我知道，你们可能难以理解这一点，尤其当你们看见别人快乐的时候，你们也会回想起过去快乐的点点滴滴。一个人不会因渴望他从未享受过的幸福而感到悲伤，而会因丧失长期以来习惯的幸福而感到悲伤。你们中的一些人还处于可以生儿育女的年纪，新生的子女将会抚平你们的悲伤。他们不仅会让你们忘却那些已经逝去的亲人，还会成为充实城邦的力量。这样一来，我们的城邦才日渐壮大，越来越安全。面临危险的时候，一个没有孩子的人不会做出有孩子的人那样公平、公正的决定。至于你们中那些已过盛年之人，我想说，祝贺你们幸福地度过了人生最美好的时光，记住，你们的忧伤不会持续太长时间，死者的光辉会让你们在短暂人生的余年里感到宽慰。对荣誉的热爱是永恒的，荣誉会点亮一颗年老而不幸的心。

至于你们中那些死者的儿子或兄弟，我看到你们挣扎着想要效仿他们，但这并不容易。所有人都会颂扬逝者，纵使你们的功绩是卓越超群的，你们仍将发现自己的荣誉不仅很难同他们齐平，甚至难以接近他们。活着的人往往有自己的对手或诋毁者，而对那些不再参与竞争的死者而言，他们总是能够得到最纯粹的善意和尊敬。而对今后要成为寡妇的人来说，如果要说她们在女性方面的长处，我想用一句简短的忠告来概括：对一个女人来说，不展现出性别之外的柔弱，并且不被男性怀着善意或恶意地探讨就是一种光荣。

我已经按照法律的要求，利用所有我掌握的恰当的语言表达了我的敬意。死者已经得到了体面的安葬，对死者功绩的致敬已经完成了一部分，剩下的一部分就是他们的子女——他们的子女们将由公费抚养至长大成人。雅典拿出重金来抚慰那些死去的及活着的子民，就像给予竞赛中的优胜者花冠一样。只有对美德的奖赏最大的时候，最优秀的公民才会效忠国家。现在，你们对亲友已致哀悼，你们可以解散了。

——伯利克里《葬礼演说词》

●雅典和斯巴达的政策及其特征对比

科林斯人的讲话及雅典人的回复[①]都是政治论衡的杰出作品，不但展现了伯罗奔尼撒战争爆发之前各城邦的政治状态和人们潜在的情感状态，还追溯了萨拉米斯和普拉蒂亚之后半个世纪里爱琴海地区的政治发展状况。以下是科林斯代表在斯巴达召开的伯罗奔尼撒会议上的讲话：

拉栖第梦人，你们对自己政治和社会生活的自信，使你们在听取我们某些批评的话语时保持怀疑的态度。这么做虽然稳健，却也使你们对国家之外发生的事情不得而知。过去我们一次又一次地警告你们，雅典人即将对我们产生伤害，你们非但从未把我们的话放在心上，反倒怀疑我们的动机。这就是你们这么晚才将我们的同盟者召集到斯巴达来的原因——我们已经受到了伤害，我们已经感到了剧痛。在所有同盟者中，我们是最有资格控诉的，我们要控诉雅典的野蛮侵略，控诉你们拉栖第梦人对我们的忽视。如果雅典对希腊犯下的罪是在暗地里做的，那么你们的确有可能不知情，我们就应该把这些事实告诉你们。但现在，还需要我们多说什么呢？正如你们亲眼所见，雅典人已经奴役了我们当中的某些城邦，对另外一些城邦也是心怀叵测，尤其是我

[①] 本文未收录。——原注

们的同盟者。雅典人早已做好了万全的准备,以防战争的来临。否则他们为什么会引诱克基拉加入其同盟,并控制克基拉以抵御我们?他们又为什么要封锁波提狄亚?想要控制色雷斯半岛,波提狄亚是最有利的地方,而克基拉则可以为伯罗奔尼撒人提供一支强大的海上力量。①

  所有一切都是你们导致的。在波斯战争以后,是你们首先允许雅典人在雅典城中设防,后来又允许他们修筑长墙②。直到今日,你们依旧在剥夺那些已被雅典奴役的城邦的自由,现在甚至开始剥夺你们同盟者的自由。真正的奴役者是那些明明可以终止奴役行为但对此无动于衷的人,尤其当他还被冠以"希腊自由守护者"的名号。尽管直到现在我们尚不明确自己所处的形势,但我们终于被召集在一起。事到如今,我们不应该继续讨论我们犯下的错误,而应该思考我们如何反击。侵略者虽然尚且无法对我们构成威胁,但他们在步步紧逼。他们已经势在必得了,我们却还在踌躇不前。我们对雅典人的策略再熟悉不过了,他们一点点靠近,慢慢吞噬掉邻邦。他们认为你们麻痹大意,对他们的行动毫无察觉。他们一旦知道你们发现了他们的侵略企图,便会马

---

① 雅典刚同科林斯的一个殖民地——克基拉结成防御联盟。波提狄亚也是科林斯的殖民地,之前一直是雅典的附属国,但这时背叛了雅典。因此,雅典试图通过封锁波提狄亚来削弱其实力。——原注
② 连接雅典和比雷埃夫斯之间的墙。——原注

上发动袭击，不让你们有喘息之机。拉栖第梦人啊，在所有希腊人中，唯独你们静观其变，不采取任何行动。你们不在早期摧毁敌人，而等到他们的兵力越积越多。为什么人们会相信你们是可以信赖的呢？这一点与事实完全不符。我们知道，波斯人已经从远方来到伯罗奔尼撒，你们却还没有找到合适的名义出兵迎击。你们对雅典这个近邻的一举一动视而不见。你们没有主动出击敌人，一动不动等着挨打，直到雅典的势力增长到之前的两倍，才不得不冒险与之斗争。你们也知道，波斯入侵失败的原因主要是他们自己的失误。如果说我们现在的敌人雅典一次又一次地企图消灭我们而未能得逞，我们认为这是由于他们自己的失误，而不是因为你们的帮助。以前有些城邦寄希望于你们的保护却惨遭毁灭。他们太信任你们了，结果没有进行自我防范。你们一定要理解，我们说的这些话并不是想要谴责你们或者带有任何敌意，而是希望你们以此为戒。人们对犯错误的朋友只会进行劝诫，而对侵害他们的敌人才会严厉谴责。

尽管如此，我们还是有权利指出我们邻邦的错误。在我们看来，现在是利益攸关的时刻，但你们无动于衷。你们从来没有想过，将来与你们交战的雅典人是怎样的一个对手，他们和你们是多么不同啊！首先，雅典人喜欢尝试新鲜事物，对每一个新的计划都能很快地构思并付诸行动。你们却是保守的、一成不变的、缺乏创新的，即便是在执行最紧迫的行动时也无法取得很好的成效。其次，雅典人有着超越他们国力之外的胆量，他们的冒险精神是审慎之人不能接受的，即便在最危急的时刻他们也充满希望。反观你们，你们的所作所为总是与你们的实力不符，你们总是不相信自己的判断，哪怕是一个好的判断。你们总是认为危险来临时自己是逃脱不掉的。雅典人雷厉风行，而你们拖拖拉拉；雅典人总是在海外闯荡，你们却守在家中。他们希望远离家乡而增加所得，你们却害怕新的事业会危害到你们现已拥有的一切。他们在胜利时会乘胜追击，被打败了也决不退缩。他们致力于为城邦的事业慷慨捐躯，仿佛这身体不属于他们自己。同时，他们积极培养自己的能力，从而为城邦尽心效力。对他们而言，未能实现的计划便是彻头彻尾的失败，一次冒险事业的成功只是他们即将获得成功的一部分。即便他们失败了，也会马上燃起新的希望，填补内心的空白。对他们来说，敢想才可能会拥有，他们不会浪费任何时间，会将他们的想法立即付诸行动。因此，他们一生都是在艰难险阻中度过的，他们很少有机会享受，因为他们总是在不断获取。履行义务是他们唯一的休闲。在他们看来，安静地无所事事比最辛劳的工作更不幸。如果要用一句话概括雅典人，那大概是他们天生就不会享受和平安宁的生活，也不会让别人享受和平安宁的生活。

拉栖第梦人，面对这样的敌人，你们竟然还在迟疑不决。难道你们没有看到，长久的和平只能与这样的城邦维持：勇于公正地使用武力，决不屈服于非正义。而在你们看来，正义意味着你们不伤害别人，同时只在正面遭受袭击的时候才会进行自我抵御。这样的政策很难获得成功，即便你们的邻邦同你们一样。就现有的情况而言，正如我们刚刚指出的那样，你们的方法与他们的手法相比，早已过时了。在政治领域，正如在工艺领域，新事物取代旧事物是不可避免的。在和平年代，传统的治理体系当然应该被保留，但当环境不断发生变化，人也必须随之发生改变的时候，额外的计谋便派上用场了。对此，雅典人拥有更丰富的经验，他们在国家治理方面的创新也将你们远远甩在了后面。至少在这里，让你们的迟疑不决到此为止吧。立刻派兵前往阿提卡，尤其要支援波提狄亚人，你们早已对他们做出了许诺。千万不要让朋友和同族战死在他们死敌的手中，不要让其他盟友在失望中不得不加入其他同盟。只有这么做，无论是见证我们宣誓的诸神，还是密切关注我们的人们，都不会谴责我们。真正破坏盟约的人不是那些被扔进危难的深渊而不得不重新寻求救助的人，而是那些曾经发誓要保护盟友却抛弃盟友的人。如果你们选择行动，那我们还是朋友。如果我们没有任何理由就抛弃你们，那是我们违背了盟约，我们也将难以找到意气相投的同盟者。你们一定要记住，你们从父辈那里继承了伯罗奔尼撒半岛的领导权，一定不要让伯罗奔尼撒半岛的伟大在你们的手中削弱。

●克基拉的革命及政治暴动

在以下选文提及的事件发生之前,克基拉的寡头控制了政权,压制了民主,并杀害了对手的领导者。雅典人听说一艘伯罗奔尼撒战船将前来支援寡头,于是便派出攸里梅敦率领六十艘战舰前往克基拉维护自己的权益。伯罗奔尼撒人在得知雅典的舰队即将到来后,选择了撤退,全然不顾克基拉寡头执政者的安危。

选文对政治暴动的动机及特点的分析是不留情面的、敏锐的、有深度的、极其正确的。因此,它也成为文学史上最卓越的一段文字。

伯罗奔尼撒人当晚便匆匆起航回国,紧靠着海岸航行,拖曳着他们的战船横渡琉卡斯地峡,以免环绕地角时被敌人发现。当克基拉人得知雅典的舰队快要到达,而敌人已经撤离的时候,克基拉人请一直驻守在城外的麦西尼亚部队进城,并命令那些已经人员齐全的船开进海拉伊克港。与此同时,克基拉人杀死了能在城中找到的所有敌人。战船抵达后,克基拉人杀死了那些被他们说服上船的人。之后,他们又来到赫拉神殿,说服了大约五十个在那里祈祷的人接受审判,并且把他们全部处死。①大批祈祷者看到这种情况，拒绝出来受审，在神殿中开始相互残杀，还有几个人在树上自缢，或者用其他方式结束自己的生命。在攸里梅敦和六十艘战船到达后的七天中，克基拉人依旧在不断屠杀那些他们认为是敌人的人。他们声称惩罚这些人是因为他们阴谋推翻民主制。但事实上，有些人是因私人恩怨而被杀死的，有些人则是因债务原因而被借方杀害的。我们可以看到人们有各种各样的死法。在危机时刻通常都会如此，没有什么是不可能发生的。而这次比以往任何一次都要严重。②我们可以发现，有父亲杀死了自己的儿子，有的人被从神殿里拖出来，就地杀死，有的人则是被围墙封堵在酒神狄奥尼修斯神殿中并被杀死在里面的。

这次革命残忍至极，似乎是最糟糕的一次革命。它是最早发生的革命。后来，整个希腊世界都被卷入无序：每个城市里，民主主义者和寡头主义者都在进行斗争，民主党人求助于雅典人，而寡头党人求助于拉栖第梦人。在和平时期，人们没有求助任何一方的理由和愿望。但在战争时期，任何一个党派为了能够伤害敌人，使自己处于有利地位，都会寻求同盟。那些心怀不满的党派随时准备求助异邦人。就这样，革命为希腊很多城

---

① 此时，民主主义者重新占据了上风，并且获得雅典的援助，开始向寡头执政者复仇。——原注
② 这是一种夸张的说法。作者想要表达此次行动的特殊性。——原注

邦带来了可怕的灾难。以前已是如此。如果人的本性保持不变,未来仍将如此。根据不同的情况,情形各异,或者采取更残酷的形式,或者采取较温和的形式。在繁荣的和平时期,城邦和个人采取行动的动机都更高尚,因为他们没有因形势所迫而不得不去做那些他们意愿之外的事。但战争打破了他们日常生活的安逸。战争是一个严厉的"教师",使大多数人的心态随着境遇的变化而变化。

一个又一个城邦接连发生了革命。这种革命精神也被越传越广,在革命发生最晚的地方,夺取政权的方式更加阴险狡诈,报复政敌也更加残忍,目的只是超过之前在其他地方发生的革命。常用词句的含义也被篡改了,而采用现在赋予的常用词句的新意义。不顾一切的鲁莽之举,现在被认为是一种忠于同盟的勇气;谨慎地等待时机,被看作"懦弱"的代名词;中庸之道则被视为缺乏男子气概的软弱;在每个问题上都深思熟虑,则成了拙劣无能的表现;疯狂的暴虐变成了男子气概的标志;阴谋诡计变成了合法自卫的手段;喜欢暴力的人总是被信任,而反对暴力的人总是受到猜疑。使用阴谋诡计获得成功被视为聪明博学,而能识破阴谋的人则更精明。不想做这两种事情的人就被认为是党派的分裂者,害怕反对派的胆小鬼。简而言之,作恶超过其他人的人和鼓励别人作恶的人都会受到赞扬。党派关系甚至比血亲关系还要牢固,因为党派成员随时准备赴汤蹈火。事实上，这些党派的组成不是以现有的法律为基础的，党派也不是为了大众的利益。党派的成立是为了推翻现行的宪法，为了满足人们的私利。这些党派成员彼此之间的信任，不依赖于任何宗教的约束力，而是因为他们是作恶的同伙。当反对派提出合理的建议，执政党不会宽容地接受，而会对其加以猜疑和防范。复仇比自卫更重要。两个党派相互结下的誓言，只是为了应付双方中某一方遭遇的暂时困难。只有在它们没有其他办法应付的时候，这种誓言才能保持效力。一旦机遇出现，首先大胆抓住这个机遇的人，会趁敌不备，落井下石。抓住这个机遇的人认为背信弃义的报复比公开的进攻更能使他快乐。他为自己选择了一条更稳妥的方法而高兴不已。同时，打败对手会为他赢得智谋超群的美名。总之，人们认为行凶作恶比单纯诚实更聪明。他们以具有第一种品质，即行凶作恶为自豪，以具有第二种品质，即单纯诚实为耻辱。

贪欲和野心引起的对权力的渴望是所有罪恶产生的源泉。斗争爆发时，人们的党派精神也是罪恶产生的一个原因。党派的领袖擅长使用各种美妙动听的名头：一方高喊民众应在政治上平等，另一方又主张借鉴贵族政治的智慧。他们打着为公众谋福利的幌子，事实上是为自己谋取私利。他们不择手段以压倒对方，不惜犯下最邪恶的罪行。而在他们的报复行动中，甚至会采取更加过激的行为。他们不会顾及正义或城邦的利益，他们的行动完全出自一时的任性。他们随时准备用不公正的裁决来处罚敌人，或者用暴力夺取政权，以满足他们对胜利的渴望。结果，虽然双方追求的都不是正义的目标，但那些利用华丽的言辞来实现其罪恶目的的人赢得了很高的威望。而那些持中立观点的公民则受到两个派别的攻击。他们或者因置身事外招致敌意，或者因全身而退遭到忌妒。

就这样，革命在整个希腊世界滋生出了各种各样的恶行。淳朴之风原是品性高尚的标志，现在却遭人耻笑，逐渐消失了。背信弃义成为社会风潮，因为没有哪个承诺是可以信赖的，没有哪个誓言是得到尊重的。所有人都坚信没有什么是万无一失的，人们更注重自己的安全，而不敢信任别人。在这场竞争中，那些比较愚钝的人通常会获得更大的胜利。这些人清楚地知道自身的弱点和他们敌人的能力，他们害怕在辩论中失败，害怕被更机警善变的对手联合起来突袭。于是，他们便大胆地付诸行动。那些聪明的人却妄自尊大，认为自己能够算准时机，认为没有必要在能够反应的时候采取行动，所以常常因疏于防范而遭到毁灭。

——修昔底德《伯罗奔尼撒战争史》

第3章

提洛同盟及雅典帝国
(公元前478年到公元前404年)

The Confederacy of Delos and the Athenian Empire

(478—404 B.C.)

●联盟的第一步

公元前479年,希腊的一支陆军获得了普拉蒂亚战役的胜利。与此同时,希腊的舰队穿过了小亚细亚,打败了驻守米卡列的波斯军队。在下文中,希罗多德详尽地阐述了之后获胜者都做了什么。

> 希腊人把船和整个垒壁放火烧掉后,便乘船离开了。他们来到萨摩斯,开始思索让爱奥尼亚人迁出萨摩斯,移居到他们统治的某个地方,并且把爱奥尼亚交给异邦人处置。希腊人认为,他们不可能永远充当爱奥尼亚人的守护者。然而,如果不这样做,爱奥尼亚人不可能逃脱波斯人的报复。因此,在这件事情上,当权的伯罗奔尼撒人主张将那些站在米底人一方的希腊人从他们的商埠迁走,并且把这些商埠送给爱奥尼亚人。但雅

典人不赞同让爱奥尼亚人迁出的计划,也不同意伯罗奔尼撒人干预雅典殖民地的事务。鉴于雅典人强烈反对这一计划,伯罗奔尼撒人也就只能让步。最终的结果就是他们让萨摩斯人、希俄斯人、莱斯沃斯人和参加军队出征的其他所有岛的岛民都加入了他们的同盟,并且要他们立下誓言,永远忠于同盟,决不叛离。

——希罗多德《历史》

上文的"当权的人"是指斯巴达国王列奥提西达斯及他的监察官。当时,雅典的首领是科桑西普斯,也就是伯利克里的父亲。将一群人从一个地方迁移到另一个地方是一种东方传统。这在整个希腊都是新奇的。雅典人对这种做法的否定一方面是由于他们同爱奥尼亚人的亲密关系,另一方面是由于他们想要构建属于自己的同盟。希罗多德提到让萨摩斯人和其他岛的岛民加入整个希腊同盟。这让读者意识到雅典人与爱奥尼亚人结成了亲密的伙伴及同盟关系。这一同盟后来慢慢发展成为"提洛同盟"。

● **同盟的组成**

拉栖第梦人如果拥有一位有能力的舰队指挥官,也许就能够维持他们的海军力量。在希腊人围攻拜占庭期间及拜占庭沦陷之后,斯巴达的指挥官帕萨尼亚斯对待爱奥尼亚、莱斯沃斯和其他新加入"提洛同盟"的城邦十分傲慢、无情,从而导致新加入的城邦公开反抗,最终转而支持阿里斯提得斯、西蒙和其他指挥雅典分遣队的将军。帕萨尼亚斯被召回,但斯巴达无法再为希腊舰队提供一位指挥官,于是不得不将海军领导权让给雅典。

从那之后,拉栖第梦人不再派出指挥官了,因为他们担心这些人到了国外,生活堕落,就像帕萨尼亚斯一样。拉栖第梦人已经受够了对波斯的战争。他们认为雅典人完全能够胜任最高指挥官的职位,而且当时他们也相信雅典人对他们是友好的。

因此,由于同盟者对帕萨尼亚斯的憎恶,他们自愿接受雅典的领导。于是,雅典人取得了领导权。雅典人马上规定,在进攻波斯帝国时,哪些城邦缴纳金钱,哪些城邦提供船,并且公开宣称他们要洗劫波斯帝国的领土,以补偿他们及同盟者遭受的损失。从这时起,雅典人首次设置了"希腊财务官"①的职位。这些官员接受贡金,也就是各城邦缴纳的税款。贡金的数目最初是四百六十塔兰特。公共金库设在提洛岛上,同盟大会也在提洛岛的神殿举行。

——修昔底德《伯罗奔尼撒战争史》

为了对每个城邦需上缴的贡金进行合理评估,同盟让雅典人派出阿里斯提得斯访问每一个城邦,了解各

---

① 共有十名希腊财务官,每十个阿提卡部落选拔一名希腊财务官。金库在提洛岛的时候,财务官自然在提洛岛工作。同盟理事会的主席也是雅典人,而雅典的将军也担任同盟陆军或海军的总指挥官。——原注

城邦的领土范围及收入,并且由此来确定各城邦能够支付的贡金的数额。阿里斯提得斯虽然手中握有巨大的权力——整个希腊①都交由他裁决——但在接受这个职位之后越来越贫穷。不过,阿里斯提得斯十分圆满地完成了自己的测评。②

——普鲁塔克《阿里斯提得斯》

●与法瑟里斯的贸易条约

在做出上述安排之后,雅典开始与同盟中的各城邦签署单独协议,以确定与它们之间的商业关系。其中最早的条约就是与法瑟里斯签署的。法瑟里斯位于利西亚海岸的多利安殖民地。公元前468年,法瑟里斯加入提洛同盟。当时,雅典与希俄斯岛也签署了类似的条约。

若在雅典与任何法瑟里斯人签订了协议,因协议而产生的诉讼案必须在雅典审理,同希俄斯岛的法律

---

① 这是一种比较夸张的说法,当时,同盟仅包含爱琴海一部分岛屿和沿海地带。——原注
② 拥有良好声誉的历史学家克拉特罗斯曾经说过,某个雅典人控诉阿里斯提得斯接受了爱奥尼亚人的贿赂,从而减少了爱奥尼亚人应缴的贡金。由于交不起五十塔兰特的罚款,阿里斯提得斯遭到终生流放。尽管阿里斯提得斯不一定真的犯下了这个罪行,但有诸多证据显示他并不像后世宣扬的那般正直廉洁。——原注

一样①。

因其他协议而产生的诉讼案的处理方法参照希俄斯岛的法律执行。此类诉讼案禁止仲裁人仲裁。

若有官员违反此法律，将被罚款一千德拉克马，罚款应敬献给雅典娜女神。

五百人会议应将此法律刻在石柱上，并且将其放于卫城，由法瑟里斯人支付相关费用。

●从提洛同盟到雅典帝国的转变

起初，参加提洛同盟的各城邦在雅典的领导下相互独立，在同盟大会中共同决策。但从波斯战争结束到伯罗奔尼撒战争开始，在军事和政策上，雅典人都取得了极大的成功，他们掌握的权力也大大增加。

纳克索斯脱离了提洛同盟，紧接着雅典就对其发动了战争，并且完全封锁纳克索斯。这是雅典违背盟约奴役的第一个同盟城邦，之后同盟的其他城邦也逐个遭到奴役。

在引发叛乱的各种原因中，最主要的原因或者是缴纳的贡金、提供的船的数目不足，或者是拒绝服兵役。雅典人十分严苛，对那些不愿意也不习惯付出辛勤劳动

---

① 提到希俄斯岛不仅是因为其法律出台时间较早，从而成为相似法律的模板，还因为希俄斯岛人说服法瑟里斯人加入提洛同盟。——原注

的人会施以强制手段。加之其他原因，久而久之，雅典人已不再像起初那样深得人心。雅典人承担的兵役额远远超过了提洛同盟其他城邦。因此，雅典很容易就能压制住那些企图反抗的同盟城邦。造成这种局面，同盟城邦也算是自作自受。它们因为人民不愿意远离家乡服兵役，所以大都选择依照规定份额缴纳贡金，而不是提供船。在这种情况下，雅典海军占的比例逐渐增加。其他同盟城邦企图发动暴动时，总是发现自己缺乏战争资源和战争经验。

——修昔底德《伯罗奔尼撒战争史》

●《埃律特莱亚宪法》

希腊城邦的独立主要体现在以下两个方面：一是自由地与其他国家发生战争、缔结和约或结成联盟；二是自由地选择政体。雅典逐渐剥夺了同盟城邦的这些权利，并用民主宪法约束它们。在这种情况下，同盟城邦对雅典的隶属关系有了很大程度的改变，尤其是这些宪法制约了各个城邦的司法权，并且规定有些案件需要在雅典进行审判。约公元前450年，《埃律特莱亚宪法》颁布，被刻在卫城厄瑞克乌斯神殿旁边的一块大理石上。不幸的是，这块大理石现已遗失，但该宪法的一份残缺的手抄稿被保存至今。

在泛雅典娜节期间，埃律特莱亚①人要进献不少于三迈纳的物品。十个祭司长官要将肉分发给在场的埃律特莱亚人，每人分发约一德拉克马肉。如果献祭的动物不值三迈纳，则需要再购买一头公牛。

通过抽签选出一百二十个人组成埃律特莱亚议事会。被选中之人需要接受检查②，三十岁以下的人不能担任议事会议员。不合格的人将被起诉，并且四年之内不能担任议员。议事会成立时需要有监察员③和军队指挥官在场见证。

在就职之前，埃律特莱亚的议员要向宙斯、阿波罗和德墨忒尔起誓，如果自己做伪证，自己和孩子都将受到打击。已经在职的议员将负责这一仪式。议员如果未能这么做，将被罚款一千德拉克马。议员的誓词内容大致如下：

"我将作为议员，为埃律特莱亚人民、雅典人民和整个提洛同盟效力。我不会出于自己或他人的意志违抗雅典或提洛同盟，更不会背叛它们。除非雅典人或埃律特莱亚人同意，否则我不会接收逃往美地亚的人，也不会赶走任何留下的人。"

---

① 埃律特莱亚是爱奥尼亚城邦，是提洛同盟最初的成员之一。——原注
② 在雅典或希腊其他地方，在官员就职之前,会检查他们的性格和资质。——原注
③ 监察员是雅典派往不同城邦的官员。他们将同军队指挥官一同确保每个城邦忠于雅典。——原注

如果一个埃律特莱亚人杀死另一个埃律特莱亚人，他将被处死。如果有人被永久驱逐，他将不能踏入任何一个参加提洛同盟的城邦的土地，他的财产也要被没收。如果有人背叛埃律特莱亚，他自己和孩子都要被处死，除非他的孩子更支持埃律特莱亚人和雅典人。如果有人背叛雅典人或驻扎在埃律特莱亚的雅典军队，他们将受到同样的处置。

●卡尔基斯的宪法

公元前446年，埃维亚反抗雅典，但在公元前446年秋被镇压。屠杀雅典囚犯的希斯提阿伊亚人遭到驱逐，他们的领土也被雅典殖民者占领。埃维亚受到相关协定的管制。相关协定规定了不同城邦的宪法及这些城邦与雅典的关系。下文的法令就是用来解决卡尔基斯的相关事务的。

由雅典人组成的议事会和陪审员[1]将进行以下宣誓："我不会将卡尔基斯人赶出他们的国家或毁灭卡尔基斯。[2]我不会通过剥夺民权或驱逐的方式来惩罚公民，我不会未经审判就对公民做出逮捕、处死或没收财产的

---

[1] 这里的议事会是指五百人会议，每年从雅典三十岁以上的公民中通过抽签选取六千个陪审员。——原注

[2] 在希斯提阿伊亚人被赶走之后，埃维亚的其他居民一定十分感激这一保证。——原注

判决，除非有雅典人的授权。如果有国外使者到访，我会在十天之内将其介绍给卡尔基斯议事会和卡尔基斯人民。只要卡尔基斯人顺从雅典人，我就会遵守以上的誓言。"

卡尔基斯人会派出使团，在宣誓官的帮助下监督雅典人宣誓，记录宣誓者的姓名。将军们要确保所有人都进行宣誓。

卡尔基斯人民将进行以下宣誓："我不会使用任何方式反抗雅典人，无论是在言语上，还是在行动上，我也不会追随任何反抗的人。如果任何人企图煽动大众反抗，我会向雅典人揭发他。我会向雅典人进贡。我会做雅典人忠诚尽责的盟友，在雅典人受难时，我会帮助支援他们。我会服从雅典人。"

适龄的卡尔基斯人都要进行宣誓，不宣誓的人将失去公民权，财产将被没收，其中十分之一将敬献给宙斯。雅典人会派出使团前往卡尔基斯，在宣誓官的帮助下监督卡尔基斯人宣誓并记录宣誓者的姓名。

●雅典对色雷斯的布雷亚殖民的法令

根据普鲁塔克的记载："他，伯里克利，向切尔松尼斯半岛派遣了一千个殖民者，向纳克索斯派遣了五百个殖民者，向安德罗斯岛派遣了二百五十个殖民者，向色雷斯的比萨尔提亚派遣了一千个殖民者，还将一部分人派往意大利一个叫图里的新殖民地。这样不仅减少了国家中煽动者的数量，帮助了有需要的人，还通过派遣殖民者监视和震慑雅典的同盟。"下面的铭文是现存唯一讲述希腊殖民地建立的铭文，提到了伯里克利在色雷斯建立的殖民地——布雷亚。

之前，色雷斯居民的神殿原封不动。在泛雅典娜节时，殖民者应该敬献一头公牛及一套盔甲①，在酒神节②时敬献菲勒斯。如果有人攻击殖民者的土地，各同盟城邦应立即予以援助。

应将这些条款刻在石碑上，将石碑放在卫城中，各殖民地自费准备石碑。如果有人违抗石碑上的条款，或者在公共场合发表违抗条款的演讲，或者煽动他人废除法令的任何一部分，他和他的孩子的公民权会被剥夺，所有财产被没收，财产的十分之一献给雅典娜。

士兵③中想要成为殖民者的，在到达雅典的三十天内须前往布雷亚。殖民地在三十天之内需要有人接管。埃斯基涅斯将一起前往殖民地并支付旅途的费用。

● **两份进贡清单**

---

① 所有雅典殖民地都必须在泛雅典娜节献祭。——原注
② 每年三月举办。——原注
③ 可能是那些在埃维亚驻扎的士兵。——原注

起初，公元前478年，阿里斯提得斯规定提洛同盟各成员需要进贡的总额为四百六十塔兰特。每四年会对各城邦重新评估，但很长时间以来，即便在提洛同盟增加新成员之后，评估结果几乎没有发生太大的变化。公元前454年前后，金库从提洛岛迁到雅典。这一事件标志着提洛同盟向雅典帝国的彻底转变。之后，一系列清单出现了，上面记载的不是提洛同盟的真正进贡情况，而是献给雅典娜的贡品情况。进贡的六十分之一进献给雅典娜，也就是一塔兰特中有一迈纳进献给雅典娜。因此，我们可以计算出每个国家的实际进贡数额。清单A就是如此，第二列的数字乘以六十得到的就是第三列的数目。清单B直接给出了最终的数目。

●清单A(公元前436年到公元前435年提洛同盟各城邦进贡情况)

城邦	进贡给雅典娜	经计算的进贡总额
卡尔基斯	300 德拉克马	3 塔兰特
克沃斯岛	400 德拉克马	4 塔兰特
泰诺斯岛	300 德拉克马	3 塔兰特
纳克索斯	666 德拉克马	6 塔兰特
安德罗斯岛	600 德拉克马	6 塔兰特
锡弗诺斯岛	300 德拉克马	3 塔兰特
锡罗斯岛	25 德拉克马	0.25 塔兰特
埃雷特里亚	300 德拉克马	3 塔兰特
列那伊亚	300 德拉克马	3 塔兰特
森尼昂	2000 德拉克马	20 塔兰特
埃伊纳岛	超过 300 德拉克马	超过 3 塔兰特

●清单B（公元前425年到公元前424年提洛同盟各城邦进贡情况）

城邦	经计算的进贡总额
帕罗斯岛	30 塔兰特
纳克索斯	15 塔兰特
安德罗斯岛	15 塔兰特
米洛斯岛	15 塔兰特
锡弗诺斯岛	9 塔兰特
埃雷特里亚	15 塔兰特
锡拉岛	5 塔兰特
克沃斯岛	10 塔兰特
卡利斯托	5 塔兰特
卡尔基斯	10 塔兰特
锡斯诺斯	6 塔兰特
泰诺斯岛	10 塔兰特
锡罗斯岛	1 塔兰特
列那伊亚	1000 德拉克马
阿纳菲	1000 德拉克马
贝尔比纳	300 德拉克马
塞摩洛斯	1000 德拉克马
西基诺斯岛	1000 德拉克马

●**雅典纪念萨摩斯岛民主人士的法令**

雅典人很少授予异邦人公民身份。然而，公元前427年，摧毁普拉蒂亚后，雅典人向存活下来、可以证明自己对雅典友好的普拉蒂亚人授予了公民身份。这是当时雅典人最慷慨的行为。在西西里的灾难发生之后，人们曾讨论过接纳全部对雅典忠诚的外邦人和说爱奥尼亚语的同盟城邦，但未能真正实施。事实上，想要通过这种方式拯救雅典帝国已经来不及了。当听说雅典在伊哥斯波塔米河战败时，除萨摩斯以外的全部同盟城邦都起义反抗。而萨摩斯还保持着忠诚主要是出于对被驱逐的寡头执政者的恐惧。因此，萨摩斯人处死了几个还留在岛上的寡头执政者，然后派遣两名使者前往雅典表示忠诚。在这种背景下，雅典人颁布了如下法令。

第一条法令

萨摩斯人可以拥有雅典的公民身份，可以采用自己喜欢的政体。根据他们的提议，剩余的问题将联合磋商，直到得到双方都满意的结果。萨摩斯人可以自己制定法律并进行自治，其他事务则应遵守雅典人与萨摩斯人达成的誓约。若双方产生误解，应诉诸现有协定。

萨摩斯人可以修缮并使用位于萨摩斯的三层桨战船[①]。使团应将战船船长的名字上报给议事会。[②]公民大会的书记同将军一起将本法令刻在石碑上，并且将石碑放于卫城。在萨摩斯应以相同的方式进行记录，由萨摩

[①] 雅典在萨摩斯有二十艘三层桨战船。——原注
[②] 船长在当值的那年对国家和战船负责，将战船交给继任者时必须确保战船完好无损。——原注

斯人支付相关费用。

不幸的是，公元前404年，雅典被迫向伯罗奔尼撒投降。不久，吕山德征服了萨摩斯，所以上述法令并没有被执行。萨摩斯的民主人士遭到驱逐，后来在小亚细亚沿岸的爱奥尼亚城邦避难。第二年，即公元前403年，这些流亡人士在向斯巴达请愿时，请求雅典人斡旋，所以雅典人出台了第二条法令，答应了萨摩斯人的请求。

第二条法令

萨摩斯人可以根据自己的意愿向斯巴达派出使者，因为他们请求雅典人也加入谈判，需增加两名雅典使者。此外，雅典人赞扬以弗所人和诺提昂人，因为他们收留了被流放的萨摩斯人。如有需要，将萨摩斯使团介绍给议事会，明天将邀请萨摩斯使团在普利塔内翁用餐。

第4章

希腊城邦之间的关系

(公元前404年到公元前337年)

Hellenic Interstate Relations

(404—337 B.C.)

本章讲述了从公元前404年伯罗奔尼撒战争结束一直延续到公元前337年马其顿国王腓力二世建立希腊联邦也就是喀罗尼亚战役第二年期间希腊的各种活动。

●希腊内部的理想关系

如下对话中的主讲人是苏格拉底。

苏格拉底：再说，我们也不要把缴获的武器作为敬献的祭品送到神殿里。为了维护与其他希腊人的友好关系，尤其不要把希腊人的武器送去。除非神指示要这样做，否则我们真该害怕把同为希腊人的武器作为祭品送到神殿里，这样做会亵渎神。

对话者：再对不过了。

苏格拉底：关于蹂躏敌人土地和焚烧敌人房屋的问题，士兵们究竟应该怎样对待呢？

对话者：我很高兴听听你对这个问题的意见。

苏格拉底：依我看，既不能蹂躏他们的土地也不该焚烧他们的房屋。他们应该做的仅是把一年的庄稼运走。要不要我把理由告诉你？

对话者：要。

苏格拉底：我的看法是，正如我们有两个不同的名称——"战争"与"内讧"一样，我们也有两件不同的事情。两件不同的事情，一指内部的、自己人的，一指国外的、敌对的。国内的冲突可称为"内讧"，对外的冲突可称为"战争"。

对话者：你的话很中肯。

苏格拉底：如果我说希腊人与希腊人之间的一切关系是属于内部的、自家人的，希腊人与蛮族之间的关系是属于外部的、敌对的，那么请问你觉得我这句话同样中肯吗？

对话者：很中肯。

苏格拉底：那么，希腊人抵抗野蛮人，或者野蛮人侵略希腊人时，他们是天然的敌人，他们间的冲突必须叫"战争"；如果希腊人同希腊人冲突，他们是天然的朋友，只不过希腊处于混乱状态，"兄弟"不和罢了，这种冲突必须叫"内讧"。

对话者：我完全同意你的看法。

苏格拉底：那么，研究一下我们现在说的"内讧"问题吧。内讧发生，一个国家分裂为二，互相蹂躏土地，焚烧房屋。这种荒谬的行为，使人觉得双方都不是真正的爱国者，否则他们为什么要这样残酷地伤害自己的祖国呢？但我们认为，如果胜利者仅是把对手收获的庄稼带走，他们的所作所为表明他们还是希望将来能言归于好，停止没完没了的内战，那么他们的行为就还是适度的、可理解的。

对话者：是的，这种想法比较文明，合乎人情。

苏格拉底：好。那么，你要创建的城邦是一个希腊城邦吗？

对话者：一定是的。

苏格拉底：那么，这个城邦的公民不都是文明的君子吗？

对话者：确实是的。

苏格拉底：他们要不要热爱同种族的希腊人？要不要热爱希腊的山河？要不要热爱希腊人共同的宗教信仰？

对话者：当然要。

苏格拉底：他们把同种族希腊人之间的不和看作内部冲突，称之为"内讧"而不愿称之为"战争"吗？

对话者：当然。

苏格拉底：他们虽然争吵，但还时刻指望有朝一日言归于好吗？

对话者：完全是这样。

苏格拉底：他们的目的是善意告诫，而不是恶意奴役和毁灭。他们是教导者，绝不是敌人。

对话者：很对。

苏格拉底：他们既然是希腊人，就不会践踏希腊的土地，焚毁希腊的房屋。他们也不会把各城邦的希腊人——除少数罪魁祸首外——无论男女老少，都当作敌人，因为对方大多数都是他们的朋友。作为无辜者，他们进行战争只是为了施加压力，使对方悔悟、谢罪。达到这个目的就可以了。

对话者：我同意你的说法。我们的公民应该这样对待自己的希腊对手。而对待野蛮人，则应该像现在希腊人对待自己人那样。

——柏拉图《理想国》

●公元前4世纪早期米蒂利尼与福西亚的货币同盟

下面的铭文在米蒂利尼的一所房屋中发现，房屋现已不存在。铭文刻的是米蒂利尼与邻邦福西亚之间的协议，内容是两个城邦要发行相同的硬币，由金银混合的琥珀金制成，两个城邦逐年轮流制币。虽然从书写方式判断铭文产生于公元前4世纪早期，但两个城邦达成协议的时间应该比公元前4世纪早期更早，因为这些硬币早在公元前480年就已经发行了。值得注意的是，尽管掺假会遭到重罚，但福西亚的硬币依旧有着不好的名声，在其他城邦不能被等额使用。

铭文的第一部分已经遗失。

两个城邦要在石碑上无论增加内容,还是删除任何内容,这些更改都是有效的。如果有人敢使金币贬值①,两个城邦都要追究其责任。若在米蒂利尼铸币,则审判官是米蒂利尼的地方法官。若在福西亚铸币,审判官则是福西亚的地方法官。审判将在当年铸币厂主管任职结束之后的六个月内完成。如果铸币厂主管被判定为故意使金币贬值②,则将面临死刑。如果不是有意为之,法庭将决定他受到怎样的处罚,但城邦无须承担任何责任或损失。根据抽签,米蒂利尼人先制币。此协议在米蒂利尼的克洛诺斯和福西亚的阿利斯塔克继任普律塔尼斯③时开始生效。④

---

① 铸币厂的主管不小心或故意为之。值得注意的是,负责铸币事务的是铸币厂的主管,而不是城邦。同时,我们也注意到,尽管使用的是琥珀金,但官方将其称为"金币"。——原注
② 金币中金的含量太少了。——原注
③ 五百人议事会议长,共十人,每十分之一年由一人担任议长。——译者注
④ 从下一年的年初开始。——原注

●公元前400年左右[①]色萨利的拉里萨与马其顿和斯巴达的关系

这篇奇特的文献现存于大英博物馆,放置在高尔吉亚、阿尔基达马和莱斯博纳克斯的诡辩之后。1893年,历史学家开始关注这篇文献,因为它对研究公元前5世纪末色萨利的政治关系很有价值。不同的学者对这篇文献的作者有着不同的猜测,目前仍无定论。但可以肯定的是,本文的作者十分了解公元前400年左右的希腊政治状况,他肯定不是基督纪元之后的某个诡辩家。从写作风格来看,现代的翻译者认为文章是不加修饰的,对比法的使用也十分晦涩,肯定不是出自公元前末期某个诡辩家之手。文章的语言是古旧的,而不是仿古的。所用的方言不是伊奥利亚方言,而是纯正的阿提卡方言。但我们仍然可以相信这篇文献是写给某个色萨利团体的,很可能是某个色萨利人写的。来自莱昂蒂尼的高尔吉亚使用阿提卡方言创作演说词,伊索克拉底也用相同的语言向狄奥尼修斯一世和马其顿国王腓力二世进行过演说。

[①] 想要理解这段选文需要知道公元前400年左右色萨利的政治史和社会情况。首先,需要注意的是,选文中从未提到色萨利或拉里萨的名字,学者们根据其内容才推断出文中针对的城邦是拉里萨。对城邦的描述让我们得知所说的是色萨利。马其顿国王阿尔克劳试图统治色萨利,对拉里萨发动进攻,并且进行了残忍的大屠杀,最终占领了培希比曾经被拉里萨兼并的领土。伯罗奔尼撒战争中阿尔克劳支持雅典人。因此,拉栖第梦人是排斥阿尔克劳的。当拉栖第梦人邀请拉里萨人加入希腊同盟时,作者创作了这篇演说词,试图说服拉里萨人接受这个条件,这样才能保护自己不受北方敌人的攻击。——原注

我们感受到对这个国家人们的敌意，在我们遭受打击之前就已经感受到了。我们要提高警惕，试图削弱他们的力量并增强自己的力量。只要他们无法对我们构成威胁，他们的敌意也就无济于事了。我们从过去的事情中得到了经验，那就是阿尔克劳永远都不会是我们的朋友，我们与阿尔克劳永远也不会和解。阿尔克劳占领了我们父亲打下的领土。我们曾经因弱小不得不将这片土地拱手相让，而现在我们强大起来了，一定能够收回这片土地……

如果能够如我所愿，阴谋者得不到外部同盟的支持，我相信我们就不会再有内部纷争了。因此，我认为我们应该接受召唤，加入战争。其必要性是毋庸置疑的。阿尔克劳既没有和雅典人一起出征对抗伯罗奔尼撒人，也没有在伯罗奔尼撒军队经过自己的领土时进行制止；既没有给予雅典人任何资金支持①，也没有意愿同伯罗奔尼撒人一同对抗雅典人。对伯罗奔尼撒人来说，在战争中不支持他们的人就是他们的敌人。我们要时刻提防，以免伯罗奔尼撒人以同样的理由向我们开战……

至于拉栖第梦人，他们自然不会攻击我们，因为我们相距甚远，他们也从未做好准备来侵略我们的领土。

---

① 这句话是不正确的。西西里的灾难发生之后，阿尔克劳为雅典人提供了造船用的木材。后来，阿尔克劳也受到了雅典军队的帮助。——原注

因为在我们最强势的领域①,他们处于劣势。拉栖第梦人不太可能会密谋算计我们,否则我们早就发现了,也绝不会掉以轻心。

我希望你们能够与希腊人为伍,与蛮族②为敌,打倒做恶之人,为逝者报仇。相信对我们有益之人,也不要畏惧那些尚不是朋友的人。对我们犯下恶行的人就是敌人,保护我们的人就是朋友。这是我的想法,而那些胆大妄为的反对者则有着与我相反的论断:受到欺凌时要忍受,让作恶之人获益;不相信朋友,而相信敌人;担心那些遥远的事物,而忽视近在眼前的危机;非但不与希腊人为伍,反倒与蛮族为伍;不为逝者报仇,让他们的家人名誉受损,没有任何法治及公正可言。这就是反对者的论点。如果按照他们的想法走下去,我们一定会在他们的带领下陷入悲惨境地。反之,如果加入同盟,我们曾经遭受的苦难终将获得回报,而未来,我们不会再次受难了。

●彼奥提亚同盟的宪法

下文向我们阐明了公元前5世纪末4世纪初彼奥提亚同盟的宪法。作者提及的时间是公元前395年。

---

① 骑兵。——原注
② 当时希腊人将马其顿人视为蛮族。——原注

夏天，彼奥提亚同波奇司开战。两方之间的敌意是由底比斯的某个政党造成的。许多年前，彼奥提亚就已经陷入混乱。当时的情况是这样的：每个城邦任命四名"波拉伊"，不是所有人都能成为波拉伊，只有有钱人才有机会。

四名"波拉伊"轮流当值，思考政策问题并向其他三人提出建议，只有全员通过的建议才能生效。城邦的内部事务都是通过这个方式来解决的，而彼奥提亚同盟的运作则是这样的：整个城邦的人被分为十一个组，每个组选拔一名彼奥提亚长官。底比斯选拔了四名彼奥提亚长官，从奥科美那斯和海希亚的居民中选拔了两名，从塞斯比亚和提斯柏的居民中选拔了两名，从塔纳格拉的居民中选拔了一名，从哈利拉图斯、勒巴迪亚和科罗尼亚的居民中选拔了一名，从阿克里芬、科皮亚和喀罗尼亚的居民中选拔了一名。这就是彼奥提亚长官的选拔情况。每名彼奥提亚长官还要配备六十名议事官，议事官负责自己的日常支出。除此之外，每个组还有义务提供由一千名重装步兵和一百名骑兵组成的军队。各组在同盟中享受的特权和对各种事务的参与度与行政长官的名额是成正比的。作为一个整体的同盟使用的便是这种制度。彼奥提亚全体大会在卡德墨亚召开。

●底比斯的政治冲突

下面的选文不仅能使我们了解科林斯战争前夕底比斯的内部情况,而且向我们揭示了伯罗奔尼撒战争期间底比斯与雅典的关系,以及阿提卡当时的经济状况。

正如我之前所说,底比斯最出色、最著名的公民之间是分裂的。一部分人由伊斯米尼亚等人领导,另一部分由列昂提亚戴斯等人领导。这就是阿提卡的内部情况,两个派别都十分强大,彼奥提亚各个城邦的许多人都会前来加入某个派别。当时,伊斯米尼亚的派别无论是在底比斯还是在彼奥提亚议事会上都更具有优势,而列昂提亚戴斯的派别一直处在上升状态。拉栖第梦人与雅典人交战时,列昂提亚戴斯一派占领了德克来亚并召集了大量盟友。列昂提亚戴斯一派亲近拉栖第梦人,而拉栖第梦人能够给底比斯带来许多好处。因此,列昂提亚戴斯一派的势头超过了对手。

拉栖第梦人与雅典人的战争开始后,底比斯的繁荣程度得到大幅提升。当雅典人开始威胁到彼奥提亚,埃律特莱亚、奥利斯等没有围墙之地的居民聚集到了底比斯,底比斯的人口数量翻了一倍。但当底比斯人同拉栖第梦人合作增强德克来亚的防御以抵挡雅典人时,底比斯的繁荣程度竟然更高了。底比斯人以极低的价格购买囚犯和战利品,他们到邻邦居住的时候,将阿提卡的各种材料也带到了家中,首先带来的就是房屋的木头和瓦片。当时,雅典人的城邦是整个希腊中装饰最华丽的。拉栖第梦人之前的几次入侵并未对雅典造成太大的伤害……这就是底比斯和彼奥提亚的情况。

●奥林索斯同盟

下面节选的文章写于公元前383年,向我们介绍了奥林索斯同盟的显著特征。

阿坎萨斯的克里吉尼斯发表了以下讲话:

"拉栖第梦及同盟城邦的人们啊,你们能感受到希腊内部正暗流涌动吗?无论从规模上说,还是从重要性来说,奥林索斯都是色雷斯的城邦之首,对此我无须多言。但你们知道吗?奥林索斯人已经通过各种方法兼并了一些城邦。他们还试图从马其顿国王阿明塔斯[①]的手中解放马其顿。他们征服近邻之后,又马上开始攻打那些离他们更远、更大的城邦。

"奥林索斯人向阿坎萨斯和阿波罗尼亚派出了使团,警告我们,如果我们拒绝带兵前往奥林索斯,就将

[①] 阿尔克劳被暗杀之后,马其顿经历了几次短暂、动荡的统治,最终阿明塔斯顺利登上了王位。阿明塔斯是贵族成员,但不是阿尔克劳的后代。作为腓力二世的父亲、亚历山大大帝的祖父,阿明塔斯成功地统一了马其顿并统治马其顿长达二十四年。——原注

对我们开战。①对我们来说,我们希望遵守祖先的制度及法规,当自由、独立的公民。②但我们如果得不到支援,就不得不同他人一样与奥林索斯人结盟。他们现在已经集结了八百多重装步兵和大量轻装步兵,如果我们加入他们,重装步兵的人数将超过一千。

"他们已经占领了通向派力恩地峡的关键点波提狄亚。很快,他们便能占领波提狄亚所在的卡尔西迪斯半岛的所有城邦。那些城邦的人们尽管对奥林索斯充满恨意,但没有派出使者向你们通报这些事情。这就体现了他们对奥林索斯的恐惧。"

——色诺芬《希腊史》

●第二个雅典同盟的成立

下面的铭文是由在雅典发现的二十块碎片拼接而成的。它是关于第二个雅典同盟的最权威的史料。第二个雅典同盟由雅典领导,主要由沿海国家组成,成立的目的是制约拉栖第梦的进攻。随后,同盟实力开始衰弱,一直持续到公元前338年马其顿霸主地位的确立。公元前377年,雅典人颁布了法令,承认了同盟的存在,同时重申了各同盟城邦的独立地位及权利。同盟城邦的名单也向我们展示了第二个雅典同盟的规模。

---

① 奥林索斯人计划逼迫这两个城邦加入奥林索斯同盟。——原注
② 政治独立是所有希腊城邦的愿望。——原注

除了受国王统治之人①，生活在大陆上的希腊人、蛮族人②或岛民，如果想成为雅典人或其盟友，可以保留自由及自治权，无须提供军队、接受领导或进贡，享受与希俄斯岛③、底比斯及其他同盟相同的待遇。与雅典人或其盟友结盟者，雅典将归还在其领土内的财产，无论这些财产属于个人还是国家。任何与雅典结盟的城邦，如订有不利条约的石碑竖立在雅典，则当值的议事会有权将其摧毁。从瑙辛尼库斯任执政官之年，即公元前378年开始，在盟友领土范围内，雅典人不得以国家或个人的名义获取房屋或田地，无论这些房屋、田地是通过购买、抵押，还是其他方式获得的。如发生此类情况，任何盟友均可向同盟议事会提供线索，同盟议事会将变卖违反该条款之人的财产，所得钱款一半归举报人，另一半归同盟共同所有。若有盟友遭到来自陆上或海上的武力入侵，雅典人及其盟友须竭尽所能，在陆上或海上给予援助。无论是公职人员还是普通公民，如有提议或提出有悖于本章程的建议，或者建议取消本章程的任何条款，将被剥夺公民权、没收财产，财产的十分之一敬献给雅典娜女神。他本人会因破坏同盟罪而受到雅典人及其盟友的指控，并且接受死刑或流放的处罚。如果被

---

① 根据《安塔西达斯和约》，小亚细亚的希腊城邦受波斯国王阿尔塔薛西斯二世统治。——原注
② 这里是指色雷斯人、马其顿人及伊庇鲁斯人。——原注
③ 第一个加入同盟的城邦。——原注

判处死刑，其遗体不得安葬在阿提卡，也不得安葬在盟友的领土上。该法令将由五百人会议的书记负责刻在石碑上，并且把石碑竖立在宙斯神像旁。从女神掌管的金库里的十塔兰特[①]中拿出六十德拉克马，用于支付刻碑的费用。已经加入同盟的城邦和将要加入同盟的城邦的名字一并刻写在石碑上。

雅典同盟包括以下几个城邦：

希俄斯、底比斯、米蒂利尼、美图姆那、罗得岛、拜占庭、[②]卡尔基斯、埃雷特里亚、阿瑞图萨、卡利斯托、皮林塔斯、伊科斯、波帕来索斯、斯奇亚托斯、提涅多[③]斯、帕罗斯、笛翁。[④]

●美图姆那加入雅典同盟（公元前377年）

下面的铭文刻在大理石石碑上，发现于雅典卫城。已经同雅典结盟的美图姆那希望成为新雅典同盟的一员。加入同盟的流程如下。首先，美图姆那派遣使团前往雅典提出加入同盟的请求。如果请求获得批准，则将名字刻在名单之上。然后，要进行三次宣誓，第一次由申请城邦的使团在同盟议事会、雅典将军和指挥

---

① 储备金。——原注
② 这些城邦在法令颁布时就是同盟成员，城邦的名字在法令颁布的同时被刻在了石碑上。——原注
③ 公元前377年，这些城邦加入同盟，城邦的名字被新刻在了石碑上。——原注
④ 在纳克索斯战役之后，公元前376年秋，这些城邦加入同盟。——原注

官的见证下宣誓；第二次由同盟议事会、雅典的将军及指挥官宣誓；第三次由申请城邦的委员会宣誓。三次宣誓结束后，该城邦将正式成为同盟成员。

关于美图姆那人的请求，因为美图姆那人已经是雅典人的朋友和盟友了，为使其与雅典其他盟友也建立同盟关系，议事会的书记应按照与其他同盟相同的方式为美图姆那登记。使团应在同盟议事会、雅典将军及指挥官的见证下宣誓，同盟议事会、雅典将军及指挥官也要向美图姆那的使团宣誓。最后，美图姆那的行政官也要宣誓。最后，要称赞美图姆那并邀请其使团共进晚宴[①]。

● **同盟国的誓言**

下文节选自公元前377年克基拉加入同盟时的条约。誓言后有一段话："让克基拉与雅典的同盟永垂不朽。如果有人想要侵略克基拉，雅典人将伸出援手。"

如果有人想要通过战争——无论是陆战还是海战——侵略克基拉的领土，我将尽我所能帮助克基拉人。在关乎战争与和平的时刻，我将采取行动以维护同

---

① 这是对尊贵客人的招待。除此之外，在剧场或其他节日庆典中，使团都会被邀请坐在显眼的位置。——原注

盟的周全，其他事情我将根据同盟的决议采取行动。宙斯、阿波罗、德墨忒尔，请助我一臂之力。如果我遵守了诺言，我将得到许多福报，反之，将有厄运降临。

如果有人想要通过战争——无论是陆战还是海战——来侵略雅典的领土，我将竭力帮助雅典人。在关乎战争与和平的时刻，我将采取行动以维护同盟的周全，其他事情我将根据雅典及同盟的决议采取行动。宙斯、阿波罗、德墨忒尔，请助我一臂之力。如果我遵守了诺言，我将得到许多福报，反之，厄运将降临。

●雅典垄断克沃斯岛出产的代赭石

下面的铭文发现于雅典卫城，内容包含三个克沃斯岛城邦的法令。开篇部分现已遗失，但内容应该是雅典对地方长官的任命。从现存的克沃斯岛的法令我们可以看到古代的贸易垄断及公元前4世纪雅典对其弱小盟友的专横政策。雅典尽管在同盟成立时做出了承诺，但在占据同盟统治地位后便再也无法抑制自私贪婪的野心。克沃斯岛靠近雅典的基克拉泽斯群岛，盛产代赭石。代赭石被应用于医学和艺术领域。雅典通过控制代赭石这一原材料的供应，使自己的产品处于优势地位。此铭文应该写于公元前4世纪中叶。

科列索司法令：根据雅典地方长官传达的信息，和从前一样，代赭石只能出口到雅典。为了实施雅典人颁布的法令，代赭石的出口必须使用特定的船，不能使用其他船。生产者要按一塔兰特代赭石一欧宝的价格支付船主的运输费。①如果有任何人使用其他船运输，则要接受法律制裁。本法令应刻在石碑上，放在阿波罗神殿中，其内容必须被执行。违反法律者应交由治安官处置，并且在三十天内由法院做出判决。在科列索司，雅典人有关代赭石贸易的其他法令同样有效。

其他两个法令的条款与上文基本一致，在此省略不提。

●雅典纪念锡拉库萨僭主狄奥尼修斯一世的法令

下文揭示了锡拉库萨僭主狄奥尼修斯一世与希腊各城邦之间的关系。作为斯巴达人的朋友，在大部分统治时间里，狄奥尼修斯一世都是与雅典对立的。但在公元前371年的留克特战役之后，斯巴达与雅典决定团结一致。因此，雅典也与狄奥尼修斯一世建立了关系。至于公元前368年狄奥尼修斯一世派使团访问雅典，以及雅典授予狄奥尼修斯一世荣誉的具体原因只能靠猜测了。但我们知道，狄奥尼修斯一世曾两次出兵支援斯巴达及其盟友，也许此法令与某次出兵有关。公元前367年，雅典与狄奥尼修斯一世正式建立了同盟关系，但在几个月之后，狄奥尼修斯一世便去世了。

---

① 运输费为代赭石价值的三万六千分之一。——原注

针对狄奥尼修斯一世使团带来的消息，议事会决定：关于狄奥尼修斯一世在信中提到的修建神殿[1]及建立和平[2]，同盟应根据自己的利益做出决定。在第二次公民大会的时候，应将使团介绍给自己的人民，并且将他们带来的消息纳入当天的工作，议事会做出的决议应告知民众。西西里的执政官狄奥尼修斯一世和他的两个儿子——狄奥尼修斯二世及赫尔莫克里图斯——对雅典人及其盟友十分友善，并且促成了《安塔西达斯和约》。因此，奖赏狄奥尼修斯一世和他的两个儿子每人一顶价值一千德拉克马的王冠。狄奥尼修斯一世和他的两个儿子将获得雅典公民身份，他们及他们的子孙可以自由选择所属的部落、村社及胞族……

●安菲波利斯驱逐两名雅典拥护者的法令

下面的铭文在雅典卫城的遗址旁被发现。安菲波利斯原本是雅典的殖民地，但很早就已获得了独立，直到公元前357年，成为马其顿国王腓力二世的附属领地。铭文中的法令应该是出自公元前357年晚些时候，因为法令中被流放的斯特拉图克利正是派使者前往雅典，敦促雅典人占领安菲波利斯的斯特拉图克利。然

---

① 位于德尔斐的阿波罗神殿。——原注
② 如果德尔斐的和平会议真的是在公元前368年举行的，那么狄奥尼修斯一世的使团应该与此事有关。——原注

而，这一提议遭到了雅典人的拒绝。雅典人相信了腓力二世的许诺，而腓力二世不但没有帮雅典人收复安菲波利斯，还驱逐了自己的反对者。此铭文虽然是一个自由城邦的法令，但同样是关于马其顿霸主地位的最早历史遗迹。

> 斐洛、斯特拉图克利及两人的子孙后代，应该被永久驱逐出安菲波利斯和安菲波利斯人的土地。他们如果在别处被抓获，应该被当作公敌处死，不得赦免。他们的财产将被没收，十分之一敬献给阿波罗和斯特律蒙河河神。如果任何人对此法令有异议，或者为这两个人提供庇护，同样将被没收财产，驱逐出境。

●腓力二世攻打奥林索斯人

公元前359年，腓力二世成为马其顿国王，一直致力于将自己的国家从一个松散的原始部落集合体巩固成一个中央集权的君主国家，并且建立一支有史以来最高效的军队，从而将自己的统治延伸到周围的野蛮部落，乃至希腊半岛。腓力二世对外政策的第一步就是占领沿海的城镇，从而控制附近海域。腓力二世占领安菲波利斯正是出于这个目的。然而，腓力二世未能遵守承诺将安菲波利斯还给雅典导致了公元前357年到公元前346年双方之间的战争。其间，只是偶尔会发生真的交战，大部分时间只是名义上、情绪上的敌对。与此同时，腓力二世正忙于向色萨利和色雷斯扩张。曾经有一段时间，奥林索斯人及卡尔西迪亚同盟对腓力二世十分友好，而与雅典为敌。但腓力二世日益强大的实力让奥林索斯人感到了威胁。最终，奥林索斯人与腓力二世反目，并与雅典结盟寻求支援。

腓力二世发动战争是为了让奥林索斯人交出阿赫达乌斯。阿赫达乌斯为了躲避腓力二世的怒火逃到了奥林索斯。奥林索斯人拒绝交出阿赫达乌斯。于是，公元前349年，腓力二世发动了战争。正是公元前349年这一年，狄摩西尼发表了三篇《关于奥林索斯的演说词》，呼吁雅典人马上派出大军支援奥林索斯。《关于奥林索斯的第二篇演说词》其实是最早发表的，向我们揭示了当时的政治情况。

> 雅典人啊，很多时候我们都能看出众神对这个国家的善意，尤其是现在。有人正在同腓力二世交战并且拒绝同他进行任何和解。形势剑拔弩张。雅典人放弃曾经属于我们的土地及城邦，放弃命运赐予我们的同盟及机会，是十分错误的做法。
>
> 雅典人，通过展现腓力二世的实力来呼吁你们扛起肩上的责任是不明智的。为什么呢？因为那样是在展现他的荣光和我们的不作为。他越是超越自己的名声，得到的赞美也会越多，而你们错误地利用了自己的优势，为自己招致了耻辱。
>
> ……
>
> 因此，我认为我们应该以最快的速度支援奥林索斯人，并且向色萨利派出使团，告诉色萨利人我们的计

划。但雅典人，我们不仅要让我们的使者发表演讲，还要让他们证明我们真的行动了。只说不做是无用的，对我们来说尤其如此。我们越优秀，我们的话就越不被其他人信任。你们必须展示出你们崭新的一面，每个人都应做出贡献，行动快速敏捷，这样才能获得注意。雅典人，如果你们能够认真承担起这些职责，腓力二世的同盟就会显得脆弱不堪，马其顿王国的糟糕情况也会显露无遗。

雅典人，你们因腓力二世十分幸运而将他视为一个强大的对手，这是有道理的。命运掌管着人类的一切。但如果可以选择，我愿意选择我们的命运而不是腓力二世的命运，只要你们能够完成你们的职责。我认为你们受到的众神的眷顾比他还要多，只不过你们没有加以利用。那些整天无所事事、虚度光阴的人不会得到朋友的帮助，更别说神了。这就是利用任何时间到处征战的腓力二世比我们强大的原因。对此，我不感到奇怪。让我感到奇怪的是，曾经的雅典人为了整个希腊与拉栖第梦人对抗，饱受战争的苦难，放弃了许多自己的利益而为他人争取权益，而现在雅典人不愿意付出了，即便是为了维护自己的利益。更让我惊讶的是，你们从来没有计算过与腓力二世的战争持续了多久，在过去的时间里你们又做了什么。在你们拖拖拉拉，相互指责，希望别人先采取行动的时候，时间就这样一点一滴过去了。雅典人，你们还指望使用老旧的方法，让从繁荣走向衰落的国家再次繁荣起来吗？这是多么不可理喻啊。拥有一件东西比获得一件东西要容易得多。而现在，我们已经不再拥有任何东西了，所有一切都要靠我们自己去获取。你们必须贡献金钱，亲自上场，并且不再指责任何人，直到达成你们的目标。到时候，再根据事实做出判断，奖励该奖励的人，惩罚该惩罚的人。因为除非你自己做出正确的事，否则你没有权利评判他人的行为。

简而言之，每个人都应根据自己的能力做出应有的贡献，轮流服役，直到所有人都有过离开家乡的经历。认真听取每个人的话并从中选出最好的建议。这样一来，当情况越来越好时，你不仅会赞扬当时的说话者，还会赞扬你自己。

——狄摩西尼《关于奥林索斯的第二篇演说词》

●公元前346年的希腊及腓力二世的巨大机会

狄摩西尼做出的努力未能奏效。雅典人并没有给奥林索斯人多少援助。公元前349年，腓力二世征服了奥林索斯及其同盟，毁灭了这些城邦并将那里的居民作为奴隶出售。两年之后，即公元前347年，雅典人与腓力二世缔结了《腓罗克拉底和约》。同年，作为德尔斐近邻同盟的领导者，腓力二世击败了波奇司人，毁灭了他们的城邦，将居民分散到不同的村落并向他们征收赋税，作为波奇司人从德尔斐的国库中拿走钱的补偿。当时，腓力二世控制了希腊的大部分，那些尚未被占领的城邦也对腓力二世心存恐惧。每个城邦中都有腓力二世的信徒为他服务。有些人这么做是因为坚信腓力二世统治整个希腊是最好的，有些人则是出于恐惧或者被收买了。伊索克拉底曾经在《泛希腊集会演说词》中表示希望在斯巴达和雅典的共同领导下建立希腊同盟，以共同抵御波斯。而现在，伊索克拉底希望让腓力二世担任领导的角色。

　　目睹了你与雅典人为争夺安菲波利斯的战争之后，我才意识到战争导致的诸多恶行。因此，关于这个城邦及其领土，我试图给出不同于你的朋友及其他演说家的建议。这些人持续不断地建议你进行战争，试图激发你的激情。就我自己来说，恰恰相反，我对关于安菲波利斯的争议问题没有发表过任何建议。但我明白，我想要你维持与雅典人之间的和平关系。你曾经为了我们的共同利益奋战过，而我们的城邦也支持了你的行动。因此，为了你的利益，应该让雅典统治安菲波利斯，但这么做对雅典毫无益处。在我的学生看来，针对这个问题的处理，他们不会因我准确、精练的演说风格而赞扬我，尽管他们常常这样做，而是因我说出的真理而赞扬我。腓力二世，你要相信，与雅典人的友谊带来的好处要远远高于你从安菲波利斯获得的税款的利益。与此同时，雅典人也会意识到这样一个事实：如果雅典能同你和解，便不会再建立这样一个曾遭遇了四五次毁灭命运的殖民地，而是要建立一个远离有控制力的邻居，靠近那些习惯被控制的邻居的殖民地，就好比拉栖第梦人建立的殖民地昔兰尼。你应该明白，对我们而言，即便是你正式将这片领土交给我们，你还是会以你的权势来得到它，你同样会得到我们城邦的祝福，因为在你的领地范围内有很多我们的同胞，他们都是我们派出的殖民者，你当然会善待他们。当然，也会有人想让我们的同胞明白这样一个事实，如果我们占有了安菲波利斯，我们同样也会对你的政策持友善的态度，就像我们对待阿玛多库斯一样，因为那里有我们的殖民者，我们有在切尔松尼斯半岛种地的同胞。当我的演说被大家流传时，那些听到我演说的人便产生一种希望，那就是雅典人会结束战争。希望这也会得到你的积极响应，并且采取一些有利于彼此的措施。当然，他们的这种想法究竟是愚蠢的还是明智的，那是他们的事情，而不是我的事情。我只是实话实说。然而，无论如何，就在我为此而不懈努力时，在我还没有完成这篇演说词时，你与雅典的和平协定已经验证了我的预测。当然，你这样做是非常明智的选择，因为无论从哪个方面来说，这个和平协定总是优于无休止的、罪恶的战争的。然而，我尽管为双方采取和平措施解决纷争而欢呼雀跃，也确信这不仅对我们有利，而且对你与其他希腊人都有好处，但仍旧摆脱不了对此事引发的一切后续之事的忧虑。基于这样一种思想和认识，我开始思考在短暂的和平之后，我们怎样才能将眼下的和平态势维持下去，又该怎样阻止我们的城邦发动进一步的战争。当我在内心深处反复思索这些事情时，我发现在任何状态下，雅典都不会安宁，除非希腊所有大城邦结束彼此的纷争并把战争引向亚细亚。同时，还要决心从蛮族人那里夺取好处。这些好处正是以牺牲希腊人的利益为代价而获得的。我曾在《泛希腊集会辞》里论述过这一计划。

长期思索这一问题的结果是，我发现再也找不到更高尚的目标了。它具有普遍的诱惑力，或者说对我们所有人都具有极大的利益。因此，我想要再次探讨这一主题。然而，我没有疏忽自身的不足。我明白，这项伟业需要一位强势的领袖，不是在我的同龄人中挑选，而是要在那些年轻体壮、极富天赋的人中挑选。同时我明白，要想在同一主题的演说中获得成功是很困难的，尤其是在前一篇演说词已经发表、广泛流传的情况下。前一篇演说词的成功甚至得到了我的诽谤者的模仿和赞扬。然而，我对所有难题都置之不理，在如此高龄之时还是那样雄心勃勃想要对你发表演说。同时，还要为我的学生树立一种榜样，让他们明白，想要在各大节日集会上对到场的所有希腊人演说，实际上都是徒劳无功的。这些演说与智者派写下的法律和制度一样毫无用处。最后，那些渴望发表一些具有现实意义的言论，喋喋不休地谈论没有价值的话题的人，还有那些认为自己的话题有助于共同利益的人，他们必须让其他人在公共节日庆典上发表无关痛痒的言论，还必须找到一个发言人来说明他们的理由，这个人必须从那些不仅具有演说技能，而且行动迅速、享有很高声誉之人中选择。当然，前提是他们能够引起这类人的注意。正是基于这样一种认识，我选择向你发表演说，我推举你并不是为了获得你的好感，尽管实际上我会以让你更容易接受的方式讲话。但我决定向你发表演说并不是出于这个目的，而是因为我注意到，其他所有享有很高声誉的人的生活都受制于法律和制度。因此，他们对一些既定事实都无能为力。此外，他们也无法胜任我倡导的伟业。然而，唯独你享有一种自由，可以随心所欲地派遣使者来往于不同地区，你也可以随时提出任何对你有利的方案。此外，你胜过任何一个希腊人的地方是你不仅拥有权势，而且拥有财富。而这是世界上唯一可以立刻用作说服和强迫的武器。我相信，我想要提出的建议正需要说服和强迫。因此，我建议你领导希腊人发动对蛮族的战争。说服可用于希腊人，强迫可用于蛮族人。这便是我这篇演说的大体要领所在……

——伊索克拉底《致腓力二世》

● **腓力二世统治下的希腊同盟的结盟誓词及城邦的名单**（公元前337年）

以下两个片段都是在雅典被发现的。人们发现两者之间的联系后将其一起出版。它们记录了公元前338年冬天，在科林斯，由腓力二世建立的希腊同盟的情况。从同盟的不完整名单中，可以看出希腊北部的城邦也在同盟中。而在此前，我们是没有直接证据证明这一点的。这个资料向我们揭示的最重要的一点是各个同盟城邦的代表人数与其人口数量是成比例的，这一点与彼奥提亚同盟相同。

片段一：

……遵守誓词的人，我不会持武器伤害他。我不会通过战争或使用任何手段夺取同盟的城市、要塞或港口。我不会推翻腓力二世及他的后代，或者各城邦加入同盟时的政府。我不会做出有悖条约之事，并且在能力范围内阻止他人这样做。如果有违反条约之事发生，我会根据同盟的需要提供帮助。破坏和平之人，如果统帅下令，我将对其宣战……

片段二：

以下是同盟城邦的部分名单，后面的数字是它们在议事会中拥有的投票数。

……色萨利，10；萨索斯[①]，2；安布累喜阿……色雷斯……波奇司，3；洛克里斯，3；阿格里及多洛普斯，5；培希比，2；扎金索斯及克法利尼亚，3。

名单结束。

[①] 应该是与其邻近的萨莫色雷斯的居民一起加入了同盟。——原注

第5章

国　家
（公元前404年到公元前337年）

The State
(404—337B.C.)

本章的资料向我们展示了国家与公民之间的关系，国家对社会和经济的管理，以及不同的民主政体和寡头政体的特点及优势。

●爱国的公民

演说者声称阿波罗多洛斯根据自己的意愿并按照法定程序收养了他，使他成为阿波罗多洛斯的合法继承人。然而，他的言论受到几名反对者的质疑，其中就有普罗那皮斯。下文是一篇典型的申诉词。申诉词的内容是要求法院根据诉讼当事人及其亲属提供的公共服务及未来将提供更多服务的许诺而做出有利的裁决。

与普罗那皮斯不同，阿波罗多洛斯的财产并不少。

作为骑士阶层①的一员，阿波罗多洛斯主动承担起了公职。阿波罗多洛斯从不强占他人的财产，也会把为你们创造利益视为自己的工作，他有多少财产你们都一清二楚，他对祖国的热爱使他完全听从你们的命令并试图不造成任何伤害。对自己的钱，他只花很少的一部分，剩下的全部交由国家支配。每次宗教仪式他都参加了，每次战争税他都捐钱了，应尽的义务他都做到了，他是这样的一个人。对你们来说，批准他的请求——让他自己决定谁才应该是他财产的主人——才是公正的。至于我，我既不是粗鄙之人也不是无用之人。我曾为国出征，遵守上级的命令，完成了属于我这个年纪的任务。基于以上原因，你们应该遵从阿波罗多洛斯的心意，将他的遗产判给我。

——伊赛奥斯《阿波罗多洛斯的遗产》

●国家对残疾人的帮助

某个跛足的人每天可以从国家领取一欧宝的补贴。一个公民向议事会提起诉讼，表示这个人不配收到这笔钱，原因如下：一是他身体健康；二是他有生意；三是他结交之人非富即贵，所以他一定不缺钱；四是他脾气不好，野蛮无礼；五是他的店铺是恶人的聚集地。

---

① 骑士阶层是四个阶层中第二富有的。——原注

我的父亲没有给我留下任何遗产。三年前，我的母亲去世了，我对她的赡养也到此为止，而我的孩子还没有长到能够赡养我的年龄。我做点小生意，几乎无利可图，因为找不到能够接手之人，所以艰难地维持着生意。除这笔补贴之外，我再无任何收入，如果你们收回补贴，我将陷入悲惨的深渊……当我不幸孤身一人时，我可以收到这笔救济金。当我年老体衰，各种苦难随时降临的时候，我却失去了它，这简直太不合理了……

我的反对者说我傲慢凶残，脾气火爆，仿佛只有用上这些不好的词语说的才是实话。但议员们，我想你们能够分辨什么才是真正的傲慢无礼。穷苦之人怎么可能会傲慢无礼，身体有残疾之人怎么可能会傲慢无礼，年岁已高之人怎么可能会傲慢无礼。真正傲慢无礼的是那些钱财富足、年轻力壮的人。富有之人能够用钱换取免受惩罚，而对穷人来说，残酷的现状会让他们清醒……

请不要因为我的反对者而剥夺我唯一的钱财。神已经让我无法担任公职，国家为了让人人都有机会，所以给了我这笔钱①。我已经因为不幸丧失了一些东西，如果再失去国家的这笔钱，我将成为天底下最可怜之人。

——吕西阿斯《论跛足之人》

---

① 国家因不能给穷人或残疾人授予官职，所以要给他们钱作为补偿。——原注

●国家对粮食贸易的管控

雅典政治家的首要任务就是提供充足的进口粮食,因为雅典国内生产的粮食只能满足一半的需求。运往雷埃夫斯的粮食有三分之二都要在雅典售卖,剩下的粮食将会被运往更远的地方。雅典出台了相关规定,从而杜绝了市场出现垄断和商人牟取暴利。有一条规定就是一篮子粮食的利润不能超过一欧宝。还有法律规定了购买粮食的上限。为了监督这些法律的执行,雅典设立了粮食监察官,犯法者将被处死。

从下文和其他很多资料中我们可以知道,希腊对公民的关心是无微不至的,甚至超过了所有现代国家。而这种关心有时会被视为对商业的干扰。

城市公共会堂向议事会报告粮食商人的行为之后,议员们勃然大怒,甚至说不经审判就要直接将他们处死。我认为,如果议事会形成这样的做事习惯是十分可怕的。于是,我说应该先根据法律审判他们,看看他们是否做了应当被判处死刑的事情,这样他们才会得到公正的判决。如果他们没有做错任何事,他们就不应该未经审判就被处死……议事会接受了我的提议后,我却遭人诽谤,说我是在为粮食商人开脱。进行审判时,我为自己做了辩护,表明我支持的是法律,而不是粮食商人。

"首先，站起来回答我，你是不是客籍民①？""是的。""你是守法之人？还是随心所欲之人？""守法之人。""你是否做过触犯死刑之事？""没有。""那么，请回答我，你是否承认购买了超过法律规定上限的粮食？""我是根据长官的命令购买粮食的。"

如果我们有法律规定粮食商人可以根据长官的命令购买大量粮食，那么我们应该将他无罪释放。如果没有，那么判他有罪是公平的。我们的法律规定任何人购买粮食都不能超过上限。

尊敬的陪审团，这样一来，对他的控告证据就十分充足了。因为他承认自己买了超额的粮食，而这违反了法律，所以你们可以根据法律做出裁决了。但我有必要再多说几句。这些人试图将矛盾转移到粮食监察官身上，我们找到了粮食监察官并询问了他们。其中有两人说对此事毫不知情。阿尼图斯说自己没有让他们收购粮食进行囤积，而让他们收购粮食时不要抬价，我将请阿尼图斯作为证人。

——吕西阿斯《驳粮食商人》

● **增加雅典税收的计划**

古时，无人对下面这部作品的真实性产生过怀疑。然而，有

---

① 享有部分公民权的外籍人，商人大部分出自客籍民。——原注

些现代学者认为这部作品不是出自色诺芬之手，原因如下：一是某些证据显示这部作品应创作于公元前346年，此时色诺芬已经去世了；二是作品中的某些观点与色诺芬著名的论断矛盾。其他人则认为这部作品创作于公元前355年，风格也十分接近色诺芬的风格，很有可能是晚年色诺芬改变了自己对政治及社会的看法。如果我们接受这部作品的确出自色诺芬之手，必须意识到公元前4世纪的社会对知识分子产生了一定影响，从而使一个保守派人士做出如此让步。本作品向我们展示了当时雅典的经济资源，其中的观点十分独特，虽然是不切实际的，但能够激发所有对社会历史感兴趣之人的好奇心。

在我看来，统治者的管理制度能够反映出他们的品质。

人们认为雅典主要的政治家和其他人一样懂得"公正"是什么。但由于百姓贫困的现状，政治家难以避免会对盟友做出一些不太公正的事情。因此，我努力探询，试图找到雅典公民借助本国资源来维持生活的方法。这才是最公正的解决方法。如果真有这样的方法，既可以改善他们穷困的现状，又可以消除其他希腊人对雅典人的猜忌。刚开始探询，我就发现自然给了希腊十分慷慨的馈赠。我将简述阿提卡的自然特征，从而支持我的观点。

阿提卡气候温和，其土地产品就是最好的证明。许多在其他国家长势不好的作物，在阿提卡都能成熟结果。和土地一样物产丰富的就是我们的海洋。在不同季节，众神给予人们不同的恩赐，作物在阿提卡结实最早，凋谢最迟。除这些每年生长和凋谢的土地作物之外，这片大地上还蕴藏着更丰富的宝藏。自然赐予这片土地大量石料。这些石料可以用来建造最华美的神殿和祭坛，以及雕刻最优美的神像。它们也是很多希腊人和蛮族人都渴望拥有的。还有一些土地，虽然不能结出果实，但如果开采，能养活更多的人，因为神赐给了我们白银。我们四周有着数量众多的邻邦，但即便最小的银矿矿脉也没有延伸到其中任何一个国家。

人们会很合理地认为雅典不但位于希腊的中央，而且是整个有人居住的世界的中央。因此，人们离开雅典越远，就觉得越冷或越热。还有一个证明就是任何旅行者想从希腊的一端到另一端去，都必须经水路或陆路经过雅典，他们环行的中心就是雅典。虽然雅典不是四面环海，但作为一个半岛，它拥有跟岛屿一样的优势，借助各种风向，吸引它需要的一切东西。它连接着大陆，是贸易繁荣的商业中心。

此外，许多国家的边境都被蛮族包围，从而带来了不少的麻烦。而雅典人的邻居都是文明的城邦，各城邦本身距离蛮族都很远。

以上所有优势都得益于阿提卡的土壤及地理位置。在这自然馈赠的基础上，雅典对侨居雅典的外国人予以悉心照顾。在我看来，这是扩大收入来源最好的方法之一。因为这些人一方面可以维持他们自己的生活,另一方面给他们寄居的国家带来了很大的利益。他们不在雅典领取津贴,同时向雅典缴纳寄居者的赋税。我说的悉心照顾不包含豁免那些对国家没有裨益的负担。同时,我还想免除他们同我国公民一样服兵役充当重装步兵的义务,因为除对他们自身造成危害之外,他们弃业离家造成的影响并不是小事。在战场上,如果只是雅典公民并肩作战,而不像现在混杂着吕底亚人、弗里吉亚人、叙利亚人及来自世界各地的蛮族,那么国家也将得到更大的益处。除此之外,让人们看到在战场上,雅典人只依赖自己而不依赖外国人,对国家来说也是光荣的。如果我们想让外国人参与其他光荣的事务,应该让他们参加骑兵。这既能体现他们的忠诚度,又能让我们国家变得更强大。

此外,由于城里有许多空地还没有房屋,我认为国家可以把这些土地给那些愿意在上面建筑房屋的、有信誉的人。这么做的结果是越来越多层次更高的人愿意来雅典居住。如果我们能够像设立孤儿监护人制度那样设立外国人监护制度,对那些记录监护外国人最多的人们予以某些奖励,就能让外国人对我们更友好。那些在别的城邦没有住所的人会渴望到雅典居住,这样就会增加雅典的收入。

——色诺芬《财源论》

●女性的政治能力

公元前5世纪末期,雅典的某些知识分子开始探讨女性的政治能力,有人甚至建议应该赋予女性参政权。某种程度,这一观点引起了大众的兴趣,使阿里斯托芬创作了《吕西斯忒拉忒》。阿里斯托芬虽然以他一贯的风格嘲弄了这一观点,但同时也表达了一定的赞同。公元前389年,也有人说是公元前392年,阿里斯托芬创作了《伊克里西阿》,以一种讽刺的方式评论"女性的权利"及对妻子和财产实行的共有制。毫无疑问,这些观点在当时的文人圈子可谓一石激起千层浪,但我们没有理由认为阿里斯托芬是在攻击柏拉图的观点,因为柏拉图的《理想国》的成书时间不会早于公元前380到公元前370年。

> 对以我们之前说过的方式成长和教育出来的男子来说,我认为他们有与使唤孩子和妇女的唯一正确方式,应像我们当初开始讨论男子问题时建议的那样。你还记得我们曾竭力论证他们应做羊群的护卫者吗?
>
> 是的。
>
> 让我们保持这个比喻,给妇女同样的培养和训练,看是否会产生我们希望的结果。
>
> 怎么个培养训练法?
>
> 这样。我们是否指望母犬帮助公犬一起在外追寻搜索,参加一切警卫工作?还是让母犬躲在窝里,只管生育幼犬,抚育幼犬,让公犬独自完成看守羊群的

工作呢？

我们除把母犬看作较弱者，把公犬看作较强者以外，应当将一切工作共同分配给它们。

对一种兽类，如果你不以同样方法的饲养和训练，你能不加区别地使用它们吗？

不能。

那么如果我们不加区别地使用女子，同使用男子一样，我们一定先要给女子同样的教育。

是的。

我们一向是用音乐和竞技教育男子的。

是的。

为了像使用男子那样使用女子，我们一定要用这两门功课来教育女子，并且还要给她们军事教育……

那么有没有一种人类活动，从上述任何方面看，女性都胜于男性？我们要不要详细列举这种活动，像织布、烹饪、做糕点等，女人以专家自命，要是男人胜了，她们会觉得害羞，怕成为笑柄吗？

你说得对。我们可以说，在一切事情上，一种性别都远不如另一性别。在许多事情上，虽然大多数女人比男人更擅长，但总体看来，情况是像你说的那样。

那么我的朋友，没有任何一项管理国家的工作，因女人在干而专属女性，或者因男人在干而专属男性。各种天赋才能同样分布于男女两性。根据自然禀赋，各种职务无论男女都可以承担，只是总体来说，女的比男的弱一些罢了。

很对。

那么我们要不要把一切职务都分配给男人，丝毫不分配给女人？

啊，那怎么行？

我想还是这样说比较好：有的女人有研究医药的天赋，有的没有；有的女人有音乐天赋，有的没有。

当然。

我们能不能说：有的女人有运动天赋，爱好战斗；有的女人天性不爱战斗，不爱运动？

能说。

同样我们能不能说有的女人爱智，有的女人厌智；有的女人刚烈，有的女人懦弱？

也能这么说。

因此，有的女人具有担任护卫者的才能，有的没有这种才能。至于男人，难道我们不能根据同样的禀赋选择男性保卫者吗？

是这样的。

那么女人如果拥有男人一样的才能，就可以成为卫国者，区别只是女人弱些，男人强些罢了。

显然是如此。

既然女人和男人才能相似、禀赋相似，应该挑选这样的女子和男子共同承担护卫者的职责。

当然。

同样的禀赋应该给同样职务,不是吗?

是的。

话又说回来。我们同意给护卫者的妻子以音乐和竞技上的锻炼,这并不违背自然。

毫无疑问。

既然我们提出的法律是合乎自然的,那我们的立法也并非不切实际的空想。看来倒是时下流行的做法是不自然的。

似乎如此。

那么我们要考虑的问题是:我们的建议是否行得通?如果行得通,是不是最好?

是这个问题。

我们已经同意是行得通的,不是吗?

是的。

那么,我们要取得一致意见的下一个问题是:我们建议的是不是最好的?

显然是的。

好,为了培养护卫者,我们对女子和男子不用两种不同的教育方法,因为无论女性男性,自然禀赋是一样的。

应该是同样的教育。

那么对下面的问题,你的意见如何?

什么问题?

你认为男人是有的好些,有的差些,还是所有男人都一样呢?

他们当然不是一样的。

那么在我们正在建立的这个国家里,哪些男人是更好的男人?是接受过我们说的那种教育的护卫者呢,还是受过制鞋技术教育的鞋匠呢?

这是个可笑的问题。

我懂。但请告诉我,护卫者是不是最好的公民?

是最好的。好得多。

那么是不是这些女护卫者也是最好的女人?

也是最好的。

一个国家里能够造就这些出类拔萃的女人和男人,还有什么事情比这个更好的吗?

没有。

这一定是受了我们说的音乐教育和竞技教育的结果吧?

当然是的。

那么,我们提议的立法,不仅是可能的,而且对国家也是最好的。

确实是的……

这些女人应该归这些男人共有,任何人都不得与任何人组成一夫一妻的小家庭。同样,儿童也都公有,父母不知道谁是自己的子女,子女也不知道谁是自己的父母。

——柏拉图《理想国》

●揭发丑闻者与爱国者的对抗

当坏人发现自己的父母或祖国有任何缺点的时候,他们会怀着带有恶意的喜悦接受这个事实,揭露和批判不对的地方,并且从此放弃自己对他们应该负有的责任,不顾由此可能引起的他人的责备或批评,这种做法是非常不妥当的。这些人甚至有可能对那些爱莫能助的人夸大自己受到的不公正待遇,并且怀着极大的敌意。而好人就不一样了,他们会掩盖自己的情感,会努力赞扬他们的父母和祖国,即使受到不公正的待遇,他们也会克制愤怒,心平气和地寻求和解,强迫自己去热爱和赞扬他们的亲友。

——柏拉图《普罗塔哥拉篇》

●雅典政治家的批评

众所周知,柏拉图不赞同民主。在下文中,柏拉图抨击了从古至今雅典的一些政治家。柏拉图认为政治家应该提升民众的道德品质,从而让民众认同政治家做出的贡献并致以感激。如果民众做不到这点,如果民众反抗政治家,处罚或流放政治家,如同西蒙、塞米斯托克利、伯利克里等人的遭遇一样,政治家也只能怪自己。柏拉图对政治家提出的这个要求几乎是不可能完成的。

苏格拉底:现在,我最好的朋友,你刚开始进入公众生活并邀请我也这样做,还因为我不这样做而责备我。我们难道不应当相互考察吗?请回答我,加里克里斯,你曾经使任何公民改善过吗?有哪个人——异邦人或公民,奴隶或自由民,从前是邪恶的、不义的、不守纪律的、愚蠢的,通过你加里克里斯现在成了一个正直的、高尚的人呢?请告诉我,加里克里斯,如果有人在这些要点上考察你,你会怎么说?你会说出什么人在你的帮助下得到改善了吗?在你受到激励从事一种公共职业之前,如果你作为个别公民取得过这样的成就,那就请你回答。

加里克里斯:挑起争端果真是你的爱好。

苏格拉底:不是喜欢挑起争端在使我提问,而是因为我确实想知道你认为我们城邦公共生活的正确标准是什么。当你开始一种公共职业,你要考虑的事情很多,但你一定会关注如何使我们的公民尽可能变好,对吗?我们不是已经多次一致认为这应当是政治家的任务吗?我们是否应当承认这一点?请回答。让我代表你来回答吧,我们应当承认这一点。如果好人应当努力为他的城邦做到这一点,那么请你回想一下你在前面提到过的那些人,并且告诉我你是否仍然认为他们证明了自己是优秀的公民,我是指伯利克里、西蒙、米太亚德和塞米斯托克利。

加里克里斯:我仍然这样认为。

苏格拉底:他们如果是善良的,那么显然都在使从前不善良的公民变好。他们是否这样做了？

加里克里斯：是的。

苏格拉底：所以伯利克里第一次对民众说话时，当时的雅典人比他最后一次说话时要坏？

加里克里斯：也许是吧。

苏格拉底：我的好朋友，关于这一点没有什么"也许"，如果他真是一个好公民，那么根据我们承认的，雅典人一定是这样的。

加里克里斯：行，那又怎样？

苏格拉底：不怎么样，但请你接着告诉我，是否有雅典人曾被伯利克里改善，或者正好相反，曾被伯利克里腐蚀了。有人说伯利克里使雅典人变得愚蠢、胆怯、夸夸其谈、邪恶，因为他是第一个向公民支付报酬的人①。

加里克里斯：苏格拉底，你一定是从那些耳朵被打坏的人那里听到了这种话。

苏格拉底：这至少不是谣传，实际上你并不比我知道的少。伯利克里最初享有很好的名声，当雅典人很坏的时候，他从来没有受到雅典人任何可耻的指控。但当他使许多公民变得善良和高尚时，到了晚年，他被指控为窃贼。伯利克里侥幸逃脱了死刑，但那些公民显然把

---

① 第一个向军队及行政部门支付报酬的人是阿里斯提得斯，第一个向陪审服务支付报酬的人是伯利克里。——原注

他当作一个坏人。

加里克里斯：那又怎样？这样做使伯利克里成了一个坏蛋吗？

苏格拉底：不管怎么说，一个照看驴、马、牛的人做出同样的事情来会被人们认为是坏的。这些牲畜一开始不会踢他、顶他、咬他，但后来他使牲畜野性大发，能够做出所有这些举动来。你难道不认为把驯服的牲口弄得野性大发的人不是一个好的驯养者吗？你同意不同意？

加里克里斯：当然同意，随你高兴吧。

苏格拉底：如果要让我高兴，就还得继续回答我的提问。人是否是动物王国中的一员？

加里克里斯：当然是。

苏格拉底：人不就是伯利克里管教的动物吗？

加里克里斯：对。

苏格拉底：那么如果他是一个优秀的政治家，他一定不能像我们刚才同意过那样，使他要管教的公民变得比较正义，对吗？

加里克里斯：对。

苏格拉底：按照荷马的说法，正义的人是被驯服的。但你怎么看？是这样的吗？

加里克里斯：是的。

苏格拉底：但伯利克里使他们比以前更加野蛮了，并且他们对伯利克里本人也很野蛮，伯利克里到头来要吃他们的苦头。

加里克里斯：你要我同意你的看法吗？

苏格拉底：如果你认为我说的是真理。

加里克里斯：那么就算同意吧。

苏格拉底：更加野蛮不就是更加不义，更加坏吗？

加里克里斯：同意。

苏格拉底：那么这样看来，伯利克里不是一个优秀的政治家。

加里克里斯：这是你说的。

苏格拉底：对，但你是承认的。接下来该谈你对西蒙的看法了。那些被他服务过的人用《贝壳流放法》把他流放了，人们十年都不能听到他的声音，不是吗？他们还用同样的办法对付塞米斯托克利，把他流放了。他们通过投票，把马拉松战役的胜利者米太亚德扔进死亡之坑，他只能接受这种命运，而这种处罚只为议事会的主席设立。如果按照你的说法这些人是好人，那么他们绝不会受到这样的待遇。一个驭手驯好了马，自己也成了较好的驭手，在第一轮竞赛中，他没有摔下马车，而是后来才被摔下来的。这种说法不管怎么说都不对。马车比赛也好，其他活动也好，都不是这种情况，或者说你认为是这种情况？

加里克里斯：我不这么看。

苏格拉底：如此看来，我们前面的说法似乎是对的，我们不知道在这个城邦里有谁可以被证明是一个优秀的政治家。你承认现在还活着的人中间一个也没有，但过去曾经有过,并且以刚才提到的人为例。但我们已经证明他们和现在还活着的人的水平相同。因此,他们如果是演说家,那么就没有使用真正的修辞学,也没有使用奉承的修辞学,否则他们就不会被流放了。

加里克里斯:但苏格拉底,我们这个时代的人取得的成就远远超过你能列举的任何人。

苏格拉底:我的好朋友,我发现我们刚才提到的这些人并没有什么错误,至少作为城邦的公仆他们没什么错。实际上,我认为他们比现在的公仆更加成功,能够更好地提供城邦需要的东西。至于把公民的欲望引向不同的方向,不允许公民的欲望自由泛滥,通过劝导和强制使公民接受改善他们的过程。尽管这是一个好公民唯一真正的职责,但在这些方面,他们实际并不比现在的政治家高明。我也同意你的看法,他们在提供战船、城墙、船坞之类的事情上比继任者做得更好……

你赞扬那些设宴向我们的公民提供他们希望吃到的各种美味佳肴的人。人们说这些人使我们的城邦伟大,却一点儿都没有意识到由于这些过去的政治家,我们的城邦变得腐败和糜烂。因为他们一点儿都不注意纪律和正义,只是用港口、船坞、城墙、税收及类似的垃圾来喂养我们的城邦,所以当城邦出现危机时,这些过去的政治家就把罪名加到现在建言献策的人身上,说现在的建言者导致了城邦的不幸,而对塞米斯托克利、西蒙和伯利克里则大加赞扬。如果你不小心,一旦他们失去曾经拥有和获得的东西，或者遇上什么麻烦，那么他们也许会对你和我的朋友亚西比德下手。你可能会被当作同谋。然而，今天发生的事和涉及以往那些政治家的言论是滑稽可笑的。我注意到，无论什么时候，城邦把自己的政治家都当作坏人对待。政治家都会受到暴力侵犯，丧失尊严。这种行为令人发指。从这些人的故事来看，他们为城邦服务多年，最后却被城邦不公正地毁灭了。然而，这些故事都是捏造的，因为绝不会有一位城邦的统治者会被他统治的城邦不公正地毁灭掉。

——柏拉图《高尔吉亚篇》

●授予公民身份时要小心的一个原因

希腊城邦不愿意授予外邦人公民身份，这一直被认为是一种目光短浅的做法。在下文中，亚里士多德给出了希腊如此小心行事的理由。从中我们可以知道授予外邦人公民身份不仅要考虑国家的特性，也要考虑被授予之人是否容易被同化。对外邦人来说，社会和政治的同化是一个十分艰难的过程。因此，大量授予外邦人公民身份将会给城邦带来灾难性的后果。

未能达到休戚与共之前，城邦各部族之间的失调也能引发内乱。因为一个城邦不能只由乌合之众组成，也不可能在仓促之间形成，所以那些先前引入了外族或随后同他族融合的城邦大多数要经受内乱之苦。例如，亚该亚人和特罗埃岑人一并创建了锡巴里斯，但亚该亚人强盛起来后便把特罗埃岑人逐出了锡巴里斯。这就是世人如此憎恶锡巴里斯人的原因。在图里，锡巴里斯人又同另一个与其共同居住的部族斗争，认为图里属于锡巴里斯人并要求获得更多利益，但最终被逐出了图里。在拜占庭，后来的殖民者的独占野心暴露之后，被早先的殖民者用武力逐出了。安提萨人起先接纳了希俄斯岛的流亡者，随后又用武力驱逐了他们；赞克列人接纳了萨摩斯人之后，终被萨摩斯人逐出了自己的故土。攸克辛海上的阿波罗尼亚城，由于引入了一族新的殖民者，最终酿成了一场灾难。锡拉库萨人推翻僭政后，授予了外邦人和雇佣军公民权，造成了纷争，以致兵戎相见。安菲波利斯人收留了卡尔西迪亚殖民者，结果几乎全部被卡尔西迪亚殖民者逐出了自己的故土。

——亚里士多德《政治学》

●寡头政体和民主政体下的平等

在我们讨论的时间范围里，王权早已消失。僭主政体总是短暂的，也不像公元前6世纪和公元前7世纪时那样常见。贵族统治也没有留下什么痕迹。最常见的政体是寡头政体和民主政体。这也是本章要解释的两种政体。

寡头政体和民主政体这两种政体分别以一种独特的平等观为基础。

平等有两种：数目上的平等与比例上的平等。我说的数目上的平等是指数量或大小方面相同或相等，比例上的平等则指在比例上的彼此平等。例如，在数目上，三超出二与二超出一彼此相等或平等，而四超出二与二超出一就是在比例上彼此平等，因为二作为四的部分与一作为二的部分彼此平等，二者都是一个半数。如前所述，人们一致承认无条件的公正应根据比例而定。然而，事实是在某一方面与人平等的人便认为在总的方面也该与人平等，在某一方面与人不平等的人就觉得自己在所有方面都与人不平等。最可能出现的有两种形式的政体，即民主政体与寡头政体，因为高贵的出身和品德毕竟十分少见，财富和人民则数不胜数。在任何一个城邦都难以找到百名出身高贵之人，富人及穷人却俯拾即是。在所有方面都根据各自的平等原则来做安排并不是一件好事。事实的结果表明，这种性质的政体无一能够长久存在。其原因在于，凡是立足于错误的起点就不可能不落得一个共同的悲惨下场。由此可知，既应当在某些方面实行数目上的平等，又应当在另一些方面实行比例上的平等。

——亚里士多德《政治学》

●主要的政体形式及它们的变体

接下来我们要研究各种政体，指出它们的数量和类型。先来看各种正确的政体，对它们做了规定后，相应的变体也就会一目了然。政体和政府表示同一个意思，政府是城邦的最高权力机构，由一个人、少数人或多数人执掌。正确的政体必然是，一个人、少数人或多数人以公民共同的利益为施政目标。然而，如果以私人的利益为目标，无论执政的是一人、少数人还是多数人，都是正确政体的蜕变。真正的公民必须参与政治，共同分享城邦的利益。通常，我们把为共同利益着想的君主政体称为"君主制"，把由多于一人但仍为少数人执掌的、为共同利益着想的政体称为"贵族制"——它得此名是由于统治者是一些最优秀的人，或者由于这种政体对城邦共同体怀有最美好的愿望。当执政者是多数人时，我们就给这种为被治理者的利益着想的政体冠以一切政体共有的名称：民主政体或共和政体。这些名称是很有根据的，一个人或少数人有可能德行超群，但德行分为众多的种类，很难有人在所有德行上都有出色表现，但就战争方面的德行而言则是可能的，因为战争本来就是在很多人中间进行的。因此，在共和政体中，士兵的统帅掌握着最高的权力，拥有武器的人则分享这种权力。

以上提及的各种政体的变体如下：僭主制是君主制的变体，寡头政体是贵族政体的变体，民主政体是共和政体的变体。因为僭主制也是一种君主政体，为单一的统治者谋求利益，寡头政体则为富人谋求利益，民主政体为穷人谋求利益。这些蜕变的政体无一为全体公民谋取共同的利益。

——亚里士多德《政治学》

●寡头政体和民主政体的普及

在下文开始之前，亚里士多德让大家关注中产阶级这个群体。亚里士多德认为中产阶级是社会稳定的重要因素。

从上述的讨论中不难明白，为何大多数政体不是民主政体就是寡头政体。一个原因是，在这些政体中，中产阶级的人数常常少得可怜，而无论是哪一方——有产者或平民——占了上风，他们都会压迫中产阶级，按自己的意愿组织政体。于是，不是出现民主政体，就是出现寡头政体。另一个原因是，平民与富人各自结党，彼此争执不休，无论哪一方制服对方，都不会建立一个共同的、平等的政体，而会把来之不易的政权作为胜利的果实。结果是一些人建立了民主政体，另一些人建立了寡头政体。此外，希腊居于领袖地位的两大城邦也只从自身的利益出发，建立各行其是的政体，一者建立了民主政体，另一者就建立起寡头政体。两种政体都置城邦的共同利益于不顾，单单顾及私利……如今，各城邦的人已经麻木了，几乎不再有人关心平等问题，人人都企图统治他人，而一旦被人征服，也就服帖地受制于人。

——亚里士多德《政治学》

●寡头政体和民主政体值得赞赏和应受谴责的地方

那些自认为仅有他们奉行的那种德行才是好德行的人往往会走向极端，他们浑然不知其所作所为对一个政体的影响。正如鹰钩鼻与塌鼻子都不是理想的鼻型，可能仍然看起来赏心悦目。然而，如果偏离得过于极端，鼻子首先就会不匀称，最终会因在某些方面过度或在另一些方面不及而不再像一只鼻子。身体的其他部分也完全是这样，各种政体也莫不如此。寡头政体或民主政体尽管离最优秀的政体很远，但不失为充分可行的政体。如果把两者各自的主张推向极端，首先会使政体劣化，最终自然不能再称其为一个政体。①由此可知，立法者或政治家必须明辨哪种性质的民主主义措施能保全民主政体，或者损害民主政体；哪种性质的寡头主义措施会保全寡头政体，或者损害寡头政体。如果没有富人及平民，两种政体中的任何一种都不可能得以存在或维持。一旦财产的平等实现了，政体就必然会转为另一种

---

① 简而言之，亚里士多德谴责的不是寡头政体或民主政体，而是这两种政体的极端形式。——原注

形式。因此，企图凭借极端的法律来消灭其中一方，最终不免会连同本身一道消灭了。①

在各种民主政体和各种寡头政体中，人们常常会犯下面的错误。民主政体的背后是煽动家，其背景是平民的权力凌驾于法律之上。平民总是要把城邦一分为二，向富人宣战。然而，他们又总是一定要给人造成相反的印象，处处显得自己是在替富人说话。在寡头政体中，寡头也声称自己是在为平民着想，但他们立下的誓言本应与他们今天所立的相反。今天他们的誓言是："我将是平民的对头，并且愿将一切可能的祸患加于平民。"而他们应该有完全相反的主张及判断，表现在誓言中就是："我不会加害平民。"

不过，在我们述及的所有保全政体的措施中，最重要的一条是依照政体的宗旨对公民实施教育。不幸的是，今天所有人都忽视了这点。最有益且得到管辖的全体公民称赞的法律，如果在政体范围内未能形成风尚并通过公民教育深入人心，那么这样的法律依然无用。如果这些法律具有民主主义性质，就应实施民主主义教育；如果具有寡头主义性质，就应实施寡头主义教育。因为正如个人缺乏约束便容易放任自我，城邦缺乏纪律就会变得松散。依照政体的宗旨教育公民，不让

---

① 《政治学》通篇，不仅在政府的组织架构上，还有社会阶级的分布上，亚里士多德不断提醒人们制约与平衡的重要性。——原注

公民做那些正中民主主义者或寡头主义者下怀的事情，而是引导公民去做那些令民主政体或寡头政体得以维持的事情。

然而，一方面，如今各种寡头政体中，统治阶层的子女在骄奢的环境中成长，穷人的子女在磨炼和辛劳中成长。因此，穷人的子女更盼望也有能力实现变革。另一方面，在显得最像民主政体的民主政体中，实行有悖于公民利益的政策，其原因在于曲解了自由原则。民主政体有两大信条，一是权力属于大多数人，一是自由原则。民主主义者认为，公正或正义即是平等，而平等又体现在大多数人的意见能够处于主宰地位。至于自由及平等，则在于一个人做自己想做的事情。在这种性质的民主政体中，每个人都过着随心所欲的生活。恰如欧里庇得斯说的，"一切如愿以偿"。然而，这种自由观念是轻率的，遵照政体的宗旨生活，不一定就应被看作受奴役，而应说这是一种自我保存或解救。

——亚里士多德《政治学》

●民主政体的发展

亚里士多德明白从早期到公元前4世纪，雅典的政制在不断发展。其原因一是财富的增加及财富分配的群体数量增大；二是公民之间美德、智慧、能力的传播；三是掌权派的腐败。因此，君主制变为贵族政体。在下文中，亚里士多德追溯了贵族政体之后的民主政体的发展情况。

但当权者侵吞公共财产,中饱私囊,贵族政体很快就堕落了,便自然而然地转向了寡头政体,因为财富已经成为荣誉的象征。各种寡头政体先产生僭主制,随后又产生民主制,因为当权者贪婪成性,导致权力集团的人数不断减少,相应地增添了平民的力量,以致最终被平民推翻,从而形成民主政体。如今,各城邦的规模都已增大,很难再建立民主政体之外其他形式的政体了。

在我们这个时代,因为各个城邦的规模均大大超出了原先的规模,再加上城邦的公共收入也大有起色,所以平民的势力日渐增长,所有公民都参与了公共事务。因为发放津贴,所以甚至包括穷人在内的公民都拥有充足的闲暇时间,共同参与城邦的治理。在这种情况下,实际上,平民很悠闲,因为在公共事务中,他们不会因操心私产而受到拖累,富人就难免受到阻碍,以致常常无法出席公民大会和参加法庭审理。因此,穷人就逐渐控制了政府,法律也就失去了它的权威。

——亚里士多德《政治学》

●农民和牧人的民主政体

不是所有的民主政体都得到了相同的待遇,都获得了相同的赞扬或谴责。在民主政体的各个种类中,有优秀的,也有失败的。

越接近共和政体的民主政体越成功。在《政治学》中，亚里士多德列举了五种民主政体，有四种都是他赞同的，因为它们都是有法可依的。第五种不是靠法律，而是靠多数人治理，法律被行政命令取代。这种情况是煽动家造成的，也是亚里士多德不能接受的。亚里士多德根据人们参与审议国家事务的程度将民主政体分为四类。还有一类是国家的任何事务都需要所有人商议。这一类是亚里士多德不赞同的。除此之外，亚里士多德还根据税收列举了四种形式的民主政体。在前三种形式下，因为税收不足，所以人们要通过工作来谋生；因为公职没有工资，所以从事公职的都是有钱人。因此，虽然叫民主政体，但治理者都是上层人士。前三种形式都是发展初期的形式。下文列出的都是最受认可的形式。

前面的相关论述中已经说过，民主政体的四个种类中最优秀的是排在最前面的一种，也是所有民主政体中最古老的一种。依照人们对平民可能做出的划分，我将它置于首位。因为最优秀的平民是农民，所以在多数人以农耕或放牧为生的地方能够建立起民主政体。由于没有多少财产，他们没有闲暇，不能经常出席公民大会。为了获取生活必需品，他们终日操劳，并且不觊觎他人的财物。对他们来说，劳作是舒心的，所以他们不关心政治和官场，做官之类的事情并不能带来显著的收获。他们喜爱切实的收益甚于荣誉或地位，一个证明是：他们忍受了古代僭主暴政和寡头统治，条件仅是允许他们耕作且不被剥夺财物。很快，他们中的一些人就得以致富,另一些人也能脱离贫困。此外,假如他们果真有了沽名钓誉之心,那么他们将有选举并审查行政官员的决定权,可以轻而易举地满足他们在这方面的需要。在一些地方,如曼提尼亚,并不是所有平民,而是从全体中选出一部分人参与行政官员的选举,当然平民还是有议事的权利,这样他们就已经心满意足了。应该把这种政体也认作民主政体的某种形式,所以曼提尼亚实行的政体可以算是一种民主政体。所有人都参与选举、审查和法庭审理的做法对前面提到的民主政体既有益又符合习俗。不过,最高级官职的选举仍须依照名望和地位,官职越大对名望地位的要求就越高。或者一概不要求名望地位,只选用那些能人或强者。这样的政体必然能很好地治理城邦,因为其官员永远从最优秀的公民中产生,平民心悦诚服,对这些称职的人没有恶意,而贤良显要之士对这一体制也感到满意,因为他们可以不受不如他们的其他人的统治,并且由于别人有审查他们的权力,他们会公正地统治。由于相互牵制,人人都不能按自己认可的准则行事。这是十分有利的,因为人如果能够随心所欲,就无法对抗植根于每一个人内心的鄙陋和丑恶。所有政体中最有用的是强制或必然的原则,由称职的人统治,并且不犯错误,平民也不显得不重要。显而易见,这是民主政体中最好的一种。为什么呢?因为其人民具有某种特性。古时,在许多地方盛行的某些法律试图将人民变成农民,这是十分有用的。这些法律规定，一个人一般不能占有或不能在远离城镇或城市的地方占有超过一定数量的土地。①古时，许多城邦都曾立法禁止人们出售其原来分得的土地。有一条据说是出自奥克斯卢的法律，大致的意思是，每个人占有的土地的任何一部分不得做借贷抵押之用。亚菲底人②实行的法律可以有效地修正我之前说的每一个人内心的鄙陋和丑恶。亚菲底人虽然人口众多，土地稀少，但所有人都致力于农耕。由于他们的财产没有整体的估算，而是被分成若干小份，结果穷人也能拥有一份超出定额的财产。

除多数人是农民的类型之外，就数人民从事牧业、靠畜群为生的政体最优秀。在许多方面，它与农业类型相似。游牧生活的习惯使人民特别适合战斗，体魄强健有力，善于野地露营。几乎所有构成其他民主政体的民众，在许多方面都比这一政体下的人逊色，因为他们的生活较之逊色，他们从事的行业没有什么优越的效果，无论他们是工匠、商贩，还是雇工。此外，由于这种人经常来往于集市和城镇，很容易出席公民大会。农民由于分散居住在乡间各处，彼此没有什么往来，也没有聚会的必要。在远离城市的乡间，很容易且很利于建立民主政体或共和政体，因为民众被迫在乡下

---

① 人们住得离城市越近，参与政事的可能性就越大。如果少数人想要统治，就必须阻止大部分人行使他们的公民权利。——原注
② 亚菲底是哈尔基季基半岛的一座古希腊城市。——原注

定居，即便有一部分城镇人口，但按民主政体的要求，不得在乡下多数人口未能出席的情况下举行公民大会。我们已经说明了，应该如何建立第一种，也是最优秀的一种民主政体，同时也就明白了应当如何建立其他形式的政体。它们都逐步偏离民主政体，并且依次拥有更差一级的民众。

——亚里士多德《政治学》

●极端的民主政体

在下文中，亚里士多德列举了极端的民主政体的特征，并针对其问题给出了改进的建议。从中，我们可以感受到亚里士多德的乐观态度。虽然很多城邦的政制都是有缺陷的，但亚里士多德相信，通过合理的改进，就会有变好的可能。

至于最后一种民主政体，具有以上所有共同点，但不能在每一个城邦都推行。若没有各种法律和习俗的完善结合，它就难以维持长久。在前面，导致这种政体和其他政体覆灭的原因，差不多都讲到了。为了造就民主政体并壮大平民的势力，领袖们习惯尽可能多地扩充人口，不仅让合法的人成为公民，而且让不合法的人和父母双方只有一方合法的人成为公民。他们认为这种做法完全不会阻碍民主政体。平民领袖采取的就是这种办法。然而，他们本来应该做的是把平民人数维持在不超过显贵和中产阶级人数的基准上，不再越此一步。平民人数一旦超过显贵和中产阶级人数，就会造成政体的混乱，显贵阶层就会觉得处境局促并难以忍受民主政体。这正是昔兰尼动乱的原因。祸患小时人们视而不见，而祸患一旦变大就会赫然在目。在雅典，克利斯第尼为了增强民主制而采取的措施，以及在极端的民主政体中，昔兰尼平民政府的创建者采取的措施，都是有益的。许多新的部族和宗族建立起来了，私下的家族祭祀被限制，逐渐改为公共祭祀。所有措施都是为了尽可能使全体公民相互往来，并且废除原来的联系方式。再者，僭主采取的所有措施似乎都与民主制相近，如在奴隶方面的放任——这也许是有一些益处的——和在妇女与儿童方面的放任，以及让人们可以随心所欲地生活。这样一种政体会有众多的支持者，因为对多数人来说，没有约束的生活比循规蹈矩的生活更加舒心惬意。

　　立法者和意欲创立某一类政体的人并不仅以建立民主政体为最大功业，更重要的是将政体保持下去。因为一个政体持续存在一天、两天或三天也不是什么难事，所以立法者应该从我们先前关于政体的保持和灭亡的论述中吸取教训，采取措施巩固其政体。一方面，要小心避免导致其灭亡的因素；另一方面，又要确立一系列法律，包括不成文的和成文的，这些法律要尽可能地帮助维持政体。同时，不要考虑这种措施是民主主义的，还是寡头主义的，以及它究竟使城邦更大地民主化了还是寡头化了。应该看到的是，它能使政体长时间延续下去。眼下的那些平民领袖，为了取悦民众，通过法庭没收了许多财产。这样一来，城邦中的富有阶层必然要奋起反抗。立法规定那些被审理的、进入国库的财产不是公家的，而是神圣不可侵犯的。于是，犯罪之人就不得不小心，因为他们将来都要受到惩罚，附和的平民由于将来什么也得不到，就不那么热衷于判决被审理的人了。应该尽可能少地进行公开的审判，对诬告陷害之徒要加重处罚，因为被起诉的通常都是显贵之人，不会是平民。而且在所有方面，公民应该对他们的政体尽可能心存善意，如果做不到，至少也不应把他们的统治者当作敌人。

最后一种民主政体拥有众多人口，这些人没有津贴就极不情愿出席公民大会。公共财政收入不足时，就给显贵阶层造成了负担，因为所需款项必然要来自征收、没收和法庭因不正当判决而得到的财产。这种做法已经导致许多民主政体覆灭。因此，在缺乏公共财政收入的地方，应当少举行公民大会，陪审员人数众多的法庭应该减少审理天数。这种做法的一个好处是富有阶层不必担心巨大的开支，即便是富人领不到津贴而穷人可以领到；另一个好处是诉讼案大多可以得到更好的审判，因为富人都不愿一连数天丢开自己的私人事务，时间缩短他们就愿意参与审理了。当公共收入充足时，要防止那些平民领袖像今天这样作为——把盈余的收入分给众人，大家一而再地得到，必然会无休止地想再得到。这样接济穷人就好比往漏杯中注水。真正的民主主义者应该看到平民极度贫穷是造成民主政体水准低下的原因，应设法让平民保持富裕，并且这对富有阶层也有好处。增长的公共财富可以集中起来分配给穷人，最高可到这种程度——使一个人能够购买一块土地。如果达不到，也至少可以使一个穷人能够从事买卖或农耕。如果不能分配到每一个人，也可以按照部族或其他方式分配。在这种情况下，富有阶层要为必须举行的集会支付津贴。同时，反过来应该为富有阶层免除那些没有实际用处的公共捐款。迦太基的当政者就推行了略带这种性质的做法，从而受到了平民的爱戴。他们不断地把平民中的某些人送到附属的城镇去发财致富，并且显贵阶层中心胸慈善、慷慨大度的人常常接济穷人，使穷人有了某种生计。他林敦人的例子也非常值得效仿。他林敦人通行的一种做法是，让穷人也能使用富人的财产。这种办法博得了平民的好感。此外，他林敦人把所有官职分为两类，一类由选举产生，一类依靠抽签产生。抽签可以便于平民参与，选举则是为了较好地执政。还有一种方法也可以达到这种效果，把同一职位分成两半，由抽签产生的人和由选举产生的人共同出任该职位。

——亚里士多德《政治学》

第6章

希腊本土政治及联邦

(公元前323年到公元前146年)

Politics of the Greek Homeland; The Federal Union

(323—146 B.C.)

跟随亚历山大大帝东征的希腊人都在进行开疆拓土的伟业时，他们留在家乡的亲人却在从事着一项看似低级实则充满价值的事业。留在家乡的人靠着坚韧不拔的毅力维护着地区的自由和人的尊严，而这些正是帝国主义压制的。下文节选了《葬礼演说词》，来证明希腊人对自由和尊严的依恋。希腊半岛上的居民没有迷失在对过去的追忆中，而是齐心协力试图解决政治上最大的问题——地区的自由和统一带来的权力结合问题。他们的解决方案就是联邦。这是古代世界最发达，也是最接近完美的政治发明。

●希腊自由的捍卫者

公元前323年，希腊人得知亚历山大大帝的死讯后，在希佩里德斯和狄摩西尼的领导下，奋起反抗，试图摆脱马其顿的束缚。在雅典的领导下，一支希腊联军建立起来了，首席指挥官是利奥斯提尼。利奥斯提尼有着出色的个人能力和丰富的军事经验。起初,希腊联军获得了胜利,马其顿的统治者安提帕特的军队被封堵在温泉关旁边的拉米亚。因此,这场战役被称为"拉米亚战争"。不幸的是,利奥斯提尼惨遭杀害。由于没有人能胜任他的位置,没过多久,希腊联军被打败了。

希佩里德斯奉命向输掉战役的雅典人发表《葬礼演说词》。从文体上来说,《葬礼演说词》是希佩里德斯最出色的一篇演说词。这篇演说词的价值在于它向希腊所有城邦呼吁最高的爱国主义理想。

在这场葬礼上发表的演说词,将献给利奥斯提尼将军和同他一道战死沙场的将士。他们的英勇献身证明了他们都是了不起的人。没有人曾见过比他们更高尚的事迹,也没有谁做出过比逝者更伟大的功绩。正因如此,我感到十分惶恐,害怕我的言辞配不上他们的丰功伟绩。但我相信,我的听众一定会包容我的不足,因为你们不是一群随随便便的人,而是他们功绩的见证者。

我们的城邦采取的政策值得称颂,我们的城邦选择的道路不仅可以与过去媲美,甚至更加宽阔壮美。阵亡将士的英勇气概同样值得称赞,因为他们没有辜负祖先的英勇。利奥斯提尼将军更加值得颂扬,他是这些政策的创造者,也是战场上士兵的指挥官。

至于雅典这个城邦,想要详述此前雅典对希腊的恩泽,恐怕我们没有足够的时间,并且现在这个场合也不适合发表长篇大论。况且,想要回想起众多的伟大事迹也绝非易事。但我仍想总结性地评价雅典。太阳每日升起，为智慧、正义的人类区分时间，料理万物，为人类提供食物和其他生活所需。同样，我们的城邦惩罚恶人，帮助正直之人，维护了所有人的平等，以一己之力维护了整个希腊的安全。

但我将不再赘述这个城邦的功绩，而是将重点集中在利奥斯提尼和他的同伴身上。我不知道我究竟应该从哪里开始说起，我应该追忆每个人的身世吗？我认为这很荒谬。一个人如果要歌颂一群从各地聚集而来、身世不同的人，当然就要追忆他们每个人的祖先。但如果要歌颂的是有着相同血统的雅典人，那就没有必要一一追忆其祖先了……

我想先从利奥斯提尼将军说起，这样才显得公平。利奥斯提尼看到，正是因为有了那些收受腓力二世和亚历山大大帝贿赂、与祖国作对之人，所以当时的希腊已跪地臣服。他意识到，我们的城邦需要一个领袖，希腊需要一个盟主。于是，为了自由，他将自己献给了雅典，将雅典献给了希腊……

谁不会赞美那些为维护希腊自由而战死沙场的人？他们用死亡向我们展示了他们守护希腊自由的愿望……

没有人的奋斗比他们的奋斗更高尚，没有人面对的敌人比他们面对的敌人更凶猛，没有人比他们拥有更少的资源。虽然没有人数优势，但他们将勇气和气概纷纷化成了力量。他们为我们带来了全民自由,为祖国带来了荣誉……

比起丧命的不幸,他们有幸向我们展示了他们的勇气。他们用身躯换来了不朽的荣耀,他们用个人的英勇换来了整个希腊的自由……法律——而非个人的胁迫——才应该是幸福的根本。控告不是自由,拥有辩护的机会才是自由。人们的安全不应依靠那些阿谀奉承权贵、欺骗中伤人民的人,而应依靠法律。这些逝者接过了别人身上的重担,每日暴露在危险之中,为整个希腊消除了恐惧。他们阵亡了,换回了别人更好的未来……

为了希腊的自由,这些人展现出超凡的勇气,创下了了不起的事业。想要安慰那些因失去亲人而倍感痛心的人其实很难,因为语言或行动都无法消除悲伤,而悲伤取决于每个人的性格及对逝者的感情。虽然如此,我们还是要鼓起勇气,尽可能消除我们的悲痛并怀着对逝者的思念,牢记他们的美好品德。他们的命运催人泪下,他们的功绩值得颂扬。他们虽然英年早逝,但留下了不朽的荣誉。那些没有后代的人,希腊的赞美便是他们永恒的孩子;那些留下后代的人,祖国将是孩子坚定的守护者。对逝者来说,如果死去意味着消失,那么他们便摆脱了疾病、悲伤和各种不幸。如果人在冥王哈得斯的王国中仍有感知,仍能受到诸神的庇佑,那么这些维护诸神荣誉的人一定会受到最好的照料。

——希佩里德斯《葬礼演说词》

●亚该亚同盟的起源

亚该亚的十二个城邦曾经组成了一个同盟。亚该亚位于科林斯海湾旁的山坡上，只有有限的平原。由于自然资源匮乏，这里的居民始终过着贫苦的生活。马其顿取得霸权地位后，亚该亚同盟解散了。但在公元前280年，杜美、帕特雷、法赖及特泰亚摆脱外来的束缚，建立了一个新的同盟。后来，新的城邦不断加入。公元前251年，西锡安的亚拉图领导下的西锡安也加入了同盟。此后，在西锡安的亚拉图的领导下，同盟消灭了伯罗奔尼撒半岛的专制独裁，摆脱了马其顿王国的控制，通过协商或武力不断兼并新的城邦。

正如我之前所说，在物质繁荣和内部团结上，亚该亚人取得了巨大的进步。许多政治家曾经都试图说服伯罗奔尼撒人为了共同利益加入某个同盟，但均以失败告终，因为伯罗奔尼撒人是为了巩固自己的实力，而不是为了所有人的自由。而现在，伯罗奔尼撒不但有了共同利益的同盟，而且法律、度量衡和货币也都统一了。所有城邦的行政官、元老院和法官都是相同的。除其居民不是生活在同一个地方之外，整个伯罗奔尼撒和某个城邦并没有什么不同，其制度也是基本相同的。

首先，我们要知道，亚该亚人是如何成为伯罗奔尼撒居民的统称的。起初，亚该亚人与其他人相比并没有什么优越性，无论是领土面积、富有程度，还是人们的英勇程度。与阿卡狄亚人和拉栖第梦人相比，亚该亚的居民数量和领土面积毫无优势可言。那么为什么这些城邦和伯罗奔尼撒其他居民愿意使用亚该亚这个名字及其制度呢？在我看来，原因是这样的：只有亚该亚的制度才代表最纯粹、最绝对的平等自由，也就是民主。亚该亚同盟的原始成员并没有保留任何特权，所有加盟者都享受相同的权利。这就是伯罗奔尼撒统一及繁荣的起因。

——波利比阿《通史》

●亚该亚同盟的长官及其后来的发展

公元前255年，亚该亚同盟的将军职位由两个变成一个，设立将军以辅助统帅的工作。除此之外，亚该亚同盟还设立了骑兵指挥官和海军指挥官。将军每年进行选举，不能连任，但任职次数不限。

在亚该亚同盟成立的前二十五年，每个城邦轮流选举一名书记和两名将军。后来，各城邦决定只选举一名将军，由其掌管同盟的所有事务。第一个获此殊荣的人是刻律涅亚的马尔古斯。在其担任将军的第四年，即公元前251年，年仅二十岁的西锡安的亚拉图领导西锡安人摆脱了僭主的枷锁，也加入了同盟。在这之后的第八年，即公元前243年，第二次当选将军的西锡安的亚拉图正策划从安条克二世手中夺取科林斯卫城，科林斯被成功解放后也加入了同盟。在同一个任期内，西锡安的亚拉图还使迈加拉加入了同盟。迈加拉加入同盟之后的一年，即公元前242年，迦太基人战败，从而撤出西西里岛并同意向罗马人进贡。

在如此短暂的时间内获得巨大成功的西锡安的亚拉图，继续领导着亚该亚同盟，并且继续推行他的政策。他的目的只有一个，那就是赶走伯罗奔尼撒的马其顿人，废除君主专制，让每个城邦都重获自由。

——波利比阿《通史》

● 亚该亚同盟的一次集会

亚该亚同盟的最高权力部门是同盟公民大会，公民可自愿加入其中。但投票是以城邦为单位进行的。每个城邦的公民将决定自己城邦如何投票。让一个小城邦拥有与科林斯一样的权力是不公平的，梅格洛波利斯被分成不同的区以增加话语权。换句话说，投票数是根据人口分配的。这一点和彼奥提亚同盟相似。同盟公民大会负责选举行政官，决定是否发动战争，接受盟友，以及内外各种重要的事务。

虽然有着很好的制度，但同盟拥有的权力太少了，导致无法有效地发动战争。军队和物资是由各个城邦提供的。同盟只能起到劝说作用。

菲洛皮门担任将军的时候，亚该亚同盟派出一个使团前往罗马商讨斯巴达事宜，另一个使团拜访托勒密五世，以恢复曾经的同盟。

在菲洛皮门之后担任将军的是阿里斯塔俄斯。公元前187年，托勒密五世的使者到达后，在梅格洛波利斯举行了同盟会议。帕加马国王欧迈尼斯二世也派来使团，表示愿意提供一百二十塔兰特作为投资资金，所获利润用于亚该亚同盟的公民大会。塞琉古四世也派来了使者，希望恢复与亚该亚同盟的友谊，并且提供十艘战船作为礼物。但会议开始后，第一个讲话的是伊利斯的尼科得密斯。他向亚该亚人叙述了自己和同伴在罗马元老院说的话，并且转述了元老院的回复。元老院不赞同毁坏城墙，不赞同将人处死[1]，但没有撤销已做的决定。针对这一话题，没有人发表意见，所以宣布通过。

接着是欧迈尼斯二世的使者发言，他请求恢复欧迈尼斯二世与亚该亚同盟的友谊，并且向同盟会议展示了贡品，表明欧迈尼斯二世的诚意。

之后，西锡安的阿波罗尼达斯起身说道，虽然贡品的价值与亚该亚同盟的身份是相称的，但给钱之人的目的是想侮辱我们，接受这笔钱也是违反法律的。法律禁止任何人以任何借口接受欧迈尼斯二世的礼物，如果接

---

[1] 菲洛皮门作为亚该亚同盟将军攻占了斯巴达，破坏了斯巴达城墙，并将斯巴达纳入同盟。两年后，即公元前186年，斯巴达人杀死城邦中的亚该亚支持者，而亚该亚同盟将军菲洛皮门杀死了八十个斯巴达人作为报复。——原注

受了这笔钱,便是违反了法律,对每个人来说都是极大的耻辱。民主主义者与欧迈尼斯二世的追求是相悖的,如果我们与欧迈尼斯二世发生了冲突,可能会产生两种结果:不是国王的利益占据上风,就是我们会被指责辜负了给我们金钱的人。因此,西锡安的阿波罗尼达斯呼吁亚该亚人拒绝这笔钱并谴责欧迈尼斯二世。

接着,埃伊纳岛的卡山德向亚该亚人说起了埃伊纳岛人民遭遇的不幸。埃托利亚人根据与罗马的协定得到了埃伊纳岛,然后以三十塔兰特的价格将埃伊纳岛卖给了阿塔罗斯。卡山德要求欧迈尼斯二世不要通过给钱来赢得亚该亚人的欢迎,而是应该归还埃伊纳岛以表明自己的诚意。卡山德呼吁亚该亚人不要接受这笔钱,否则他们就毁了埃伊纳岛居民的希望。

这些发言得到了人们的支持,没有人敢替欧迈尼斯二世说话了。整个集会欢呼着拒绝了这笔钱,尽管其金额十分诱人。

下一个进行商讨的问题与托勒密五世有关。与托勒密五世进行交涉的使者被传唤上前。吕科塔斯作为发言人,向人们叙述他们已经与托勒密五世交换了同盟誓词,并且带来了埃及献给亚该亚同盟的礼物——数量共计六千的各种武器和两千塔兰特的铜币。吕科塔斯表达了对埃及的赞颂,然后结束了发言。随即,同盟将军阿里斯塔埃诺斯起身询问吕科塔斯和使团"他更新的是哪一个同盟协议?"

没有人回答这个问题，但所有参会的人开始交头接耳，会场一片混乱。造成如此情形的原因如下：亚该亚同盟与托勒密王朝曾经缔结了多个同盟协议，不同的背景决定了协议的条款不尽相同。但在更新同盟协议的时候，托勒密五世的使者没有进行任何区分，而亚该亚没有派出使者。交换同盟誓词时，双方都认为只有一个同盟协议。结果就是将军阿里斯塔埃诺斯说出了所有协议及它们之间的巨大差异的时候，同盟公民大会要求明确更新的究竟是哪一个协议。但没有人能够解释清楚这个问题，无论是协议更新发生时当职的菲洛皮门，还是亲自前往亚历山大的吕科塔斯及其同事。人们开始相信这些人在处理同盟事务时不够认真。阿里斯塔埃诺斯则因为头脑清晰获得了赞扬。最终，会议没有批准这一事项，决定此事延期再议。

然后，塞琉古四世的使者带来了他们的提议。亚该亚人决定重新建立与塞琉古四世的友谊关系，但回绝了塞琉古四世赠予的战船[①]。

——波利比阿《通史》

[①] 会议的整个过程中，各成员都展示出了极强的尊严和坚定的原则性。——原注

●亚该亚同盟关于奥尔霍迈诺斯的法令(约公元前234年)

下面的铭文是少数讲述亚该亚同盟的铭文之一，发现于阿卡狄亚的古奥尔霍迈诺斯遗址。铭文的上半部分已消失不见，剩余部分是亚该亚同盟关于奥尔霍迈诺斯事务的法令的结尾。当时，奥尔霍迈诺斯刚刚成为亚该亚同盟的成员。

奥尔霍迈诺斯人和亚该亚人要进行相同的宣誓："我以宙斯、雅典娜、阿佛洛狄忒等众神的名义起誓，我将遵守石碑上的条款和亚该亚的法令，并且与不遵守之人做斗争。若我遵守誓言，将获得繁荣；若我违背誓言，将一无所有。"

奥尔霍迈诺斯加入同盟后，如果有人控告奈阿尔科斯[①]或他的儿子，则控告无效。任何人不得起诉奈阿尔科斯或他的儿子，奈阿尔科斯和他的儿子也不得起诉任何人。起诉之人将被罚款一千德拉克马，诉状无效。

●埃托利亚人对米利提阿与佩雷阿的仲裁

下面的铭文发现于塞萨利南部古米利提阿的遗址，记录了埃托利亚同盟的仲裁人对米利提阿与佩雷阿冲突的仲裁结果。当时，在政治上，米利提阿与佩雷阿是一个整体，但佩雷阿人希望

[①] 可能是奥尔霍迈诺斯加入同盟后自愿退位的奥尔霍迈诺斯僭主。——原注

与米利提阿人分开。仲裁同意进行领土划分,并且明确了边界线和两者今后的关系。此铭文产生于公元前3世纪末,反映了埃托利亚同盟对成员国的巨大影响力。

米利提阿与佩雷阿的边界线为……

如果佩雷阿人决定放弃米利提阿的公民身份,则要接受上述边界线,边界线内为佩雷阿人自己的国土,分开后应在近邻同盟大会保留一名议员。佩雷阿人应偿还属于自己份额的贷款,并且向埃托利亚人交税。

佩雷阿人每年收到的给执政官的三迈纳,给传令官的十斯塔特,给青年人的十斯塔特,以及给恩救节祭祀的五斯塔特,在今后保持不变。未来,米利提阿将负责佩雷阿的公共基金。

佩雷阿人与米利提阿人应使用相同的法律。佩雷阿人控告佩雷阿人的案件每四个月由米利提阿的民政官进行审理。

此决定应刻在石碑上,并且将石碑分别放在米利提阿、德尔斐、卡利敦和塞玛姆[①]。

[①] 德尔斐是埃托利亚同盟的宗教中心;卡利敦是法官的所在地;塞玛姆是埃托利亚同盟的政治中心。——原注

●埃托利亚同盟承认忒欧斯岛不可侵犯的法令

忒欧斯的废墟中发现了许多城邦出台的关于忒欧斯岛不可侵犯的法令。根据希腊的法律,若一个国家的城邦对另一个国家的城邦有怨恨,可以抓住这个人或占有他的财物作为最终的手段,甚至可以抓住另一个城邦的任何一个公民。但不可侵犯的法令的授予极大削弱了这一权利。忒欧斯人将他们全部领土奉献给了狄奥尼修斯。因此,忒欧斯人请求获得不可侵犯的权利。公元前200年之前,此法令出台。

埃托利亚人决定将与忒欧斯人继续保持友谊,迄今为止颁布的、所有使他们获益的法令仍旧有效。根据使者的要求,埃托利亚人承认忒欧斯岛不可侵犯的地位。任何埃托利亚公民或生活在埃托利亚的人,不得侵犯忒欧斯公民或生活在忒欧斯岛上的人。

应将上述法令添加到现有法律当中,法律修订者负责将其收录其中。